민들레
법학의 탐색과 실마리
제 4 권

Dandelion
Ever widening horizon of law
Vol. 4

기획
명순구 | 고려대학교 법과대학 교수

Planning
SK MYOUNG | Professor of Korea University

법률가의 회계학

명순구 · 김기영 저

法 文 社

민들레
법학의 탐색과 실마리
제 4 권

Dandelion
Ever widening horizon of law
Vol. 4

기획
명순구 | 고려대학교 법과대학 교수

Planning
SK MYOUNG | Professor of Korea University

Accounting for Lawyer

by

Soon-Koo MYOUNG / Ki-Young KIM

2006

Bobmun Sa

Seoul, Korea

발간사

꽤 오래 전의 일인 것 같습니다. 1905년에 설립된 보성전문학교(고려대학교의 전신) 법률학과의 커리큘럼을 본 적이 있습니다. 그 때 받은 인상은 현재 법과대학의 커리큘럼과 크게 다를 것이 없다는 것이었습니다. 현재의 법현실과 100년 전의 그것은 엄청난 차이가 있습니다. 그런데 법과대학의 교과과정은 그와 같은 현실을 융통성 있게 수용하고 있는 것 같지 않습니다.

기회가 있을 때마다 저는 법과대학에서 최소한 경제학과 회계학 교과목은 필수과목으로 교육하여야 한다고 말합니다. 한 사람이 다른 사람과 소통하고자 한다면 그 사람의 됨됨이가 어떤지를 알아야 할 것입니다. 기업의 경우도 마찬가지입니다. 어떤 기업에 투자를 한다거나, 기업을 위하여 또는 기업을 상대로 재판을 하고자 한다면 그 기업에 관한 정보를 필요로 합니다. 기업의 정보란 재무상태나 경영성과 등일 것인데 그것을 표현하는 언어가 무엇입니까? 바로 회계(accounting)입니다. 자연인에 관한 정보는 일상적인 언어와 동일합니다. 그러므로 그것을 이해하기 위하여 특별한 훈련이 필요하지 않습니다. 그러나 기업에 관한 정보는 회계라는 다소 특수하고 기술적인 언어입니다. 그러므로 그것을 이해하기 위해서는 특별히 시간을 투자하여야 합니다. 법학 교과서는 법률주체로서 자연인(自然人)과 법인(法人)이 있다고 설파합니다. 법인 중 현대 경제생활에서 가장 중요한 역할을 하는 것이 바로 기업입니다. 그런데 현재 법과대학에서 학생들에게 기업을 읽을 수 있는 안목을 키워주고 있는지 깊이 반성하여야 할 것 같습니다.

여러 종류의 회계 중에서 외부이용자들을 주 대상으로 하는 재무회계에 대해서는 그 기초라도 학습할 필요가 있다고 생각합니다. 그리고 법률가에게 필요한 회계학은 나름대로의 특색이 있어야 한다고 생각합니다. 왜냐하면 법률가들에게는 법적 환경에 등장하는 회계를 이해하고 활용하여 법률 분쟁을 해결하는 것이 중요하며, 회계장부의 작성에 관련된 실무를 전부 안다는 것은 전문화 경향에 부합하지 않을 것이기 때문입니다. 이런 제 생각을 담을 수 있는 책을 만들고 싶다고 마음먹은 것은 오래 전의 일입니다. 그런데 마음만으로 그쳐야 했습니다. 회계학 공부를 제대로 하지 못한 저로서 그 일은 능력 밖의 일이었기 때문입니다.

김기영 교수와의 만남은 제게 큰 기쁨이 아닐 수 없습니다. 김 교수가 회계학으로 박사학위를 마친 후 법학에 뜻을 두고 고려대학교 대학원에 재학하던 때에 그를 처음 만났습니다. 그 당시 김 교수가 보여준 학문에 대한 열정은 매우 인상적이었습니다. 세월이 가면서 우리는 서로를 더 많이 알게 되었고, 그러다가 우리 둘이서 무언가 의미 있는 일을 할 수 있을 것이라는 믿음도 갖게 되었습니다. 그 믿음의 결과가 바로 민들레 제4권『법률가의 회계학』이라고 생각합니다.

이 책은 실제에 있어서 김기영 교수의 작품입니다. 저는 김 교수를 부추겨 책을 만들자고 제안한 것, 책의 기본방향이 어떠해야 할 것인지를 말한 것, 꼭 담아야할 내용이 무엇이며 과감하게 빼도 될 것이 무인인지 하는 것 등과 같은 것을 말해주는 조언자의 역할에 불과했습니다. 그럼에도 불구하고 제가 공동저자로 된 것은 학자로서 매우 쑥스러운 일이기는 하나, 법학과와 경영학과 교수를 공동저자로 하는 것이 이 책의 성격에 잘 부합한다는 식으로 말하는 몇 사람의 유혹에 그만 넘어가고 말았습니다.

넓게 보면 학제간 연구의 결과물로 볼 수 있는 이 책을 계기로 앞으로 법학이 다른 학문과 어울리면서 더욱 풍성하고 설득력 있는 규준들을 제시할 수 있기를 바랍니다.

2006년 7월 10일

고려대학교 법과대학 연구실에서

기획자 명 순 구 드림

머리말

이 책은 법률가들에게 기업의 언어인 회계를 쉽게 이해할 수 있도록 하기 위하여 쓰여졌습니다. 법률가들이 처음 법학에 입문했을 때 소위 '리갈마인드'(legal mind)를 형성하기 위해 노력했듯이, 기업을 이해하기 위해서 그들의 의사소통 수단을 이해하여야 하는 것은 너무도 당연한 일입니다. 사실 법학과 경영학, 그 중에서도 회계학은 매우 밀접한 관계를 가지고 있습니다. 미국의 로스쿨들이 예외 없이 회계학 과목을 커리큘럼상에 두고 있는 것은 이러한 필요성을 인식하고 있기 때문이라고 할 수 있습니다.

이러한 필요성에 입각하여 이 책은 회계학에 대해 그 개념적 이해를 도모할 수 있도록 하였습니다. 숫자를 최대한 배제하고 서술형으로 기술하려고 노력하였습니다. 일반적으로 회계학 책들은 수많은 분개들로 구성되어 있으나, 이 책에서는 회계학의 기술적인 부분들보다 회계정보를 어떻게 이해할 것인지에 중점을 두었습니다. 법률가들은 여러 종류의 회계 중 외부이용자들을 주 대상으로 하는 재무회계를 이해하면 됩니다. 더불어 기업이 작성한 회계정보의 진실성을 평가하고 이에 대한 의견을 제시하는 역할을 함으로써 회계정보의 신뢰성을 제고하는 회계감사를 개괄적으로 알 필요가 있습니다. 이와 같은 사정을 고려하여 이 책은 재무회계에 중점을 두되 필요한 부분에서 회계감사를 간략히 설명하였습니다. 여기에 재무(finance)의 기본적인 개념까지 더해졌으면 보다 바람직했을 것이나 그리 되면 책의 분량이 상당히 비대해질 것 같아 이 부분을 포함시키지 않았습니다.

책을 출간할 때마다 늘 감사해야 할 분들이 떠오릅니다. 부모님, 은사님, 아내, 그리고 이 책의 출판을 위하여 힘써주신 법문사의 관계자 여러분들께 감사의 마음을 전합니다. 세상에 책을 내는 일은 큰 두려움이 수반되는 일이기는 하지만 그와 함께 얼마간의 가슴 설렘이 있는 것도 사실입니다. 조그만 성취감으로 가슴 한 구석에 기쁜 마음도 자리하고 있는 이런 때에는 이 세상 대부분의 아버지들이 그러하듯 자식 생각도 하게 됩니다. 명주현 군과 김예림 양이 늘 순수하고 반듯한 마음으로 많은 이웃들과 행복을 나눌 수 있는 사람으로 성장하기를 기원해 봅니다.

요즘 들어 법률가들이 회계학의 필요성에 대해 이야기를 하는 것을 자주 듣습니다. 아직까지 경영학도들이 아닌 법률가를 위한 회계학 책이 없는 상태에서 이 책이 처음으로 그 역할을 훌륭히 수행할 수 있다면 그것은 저희들에게 큰 기쁨이 될 것입니다. 이 책이 많은 법률가들에게 좀더 심도 있게 기업을 이해할 수 있는 계기를 조성할 수 있다면 그것은 저희들에게 큰 보람이 될 것입니다.

2006년 7월 3일

고려대학교와 명지대학교 연구실에서

공동저자 명 순 구 · 김 기 영 드림

차례

제1장 서　론

제1절 법률가와 회계 3
Ⅰ. 법률가의 회계 이해 필요성 3
Ⅱ. 법조인의 학습 범위 5

제2절 기초개념의 이해 8
Ⅰ. 회계정보의 전달수단: 재무제표 8
Ⅱ. 회계의 순환과정 14
1. 회계거래의 발생 16　2. 회계거래의 기록(분개) 18
3. 재무제표의 작성 33
4. 결산분개 및 마감절차 45

제2장 재무제표의 요소에 대한 이해

제1절 자산의 이해 53
Ⅰ. 유동자산 55
1. 현금 및 현금성자산 55　2. 단기금융상품 60
3. 매출채권 및 비매출채권 60
Ⅱ. 재고자산 66
1. 매출원가의 인식시점 67　2. 매출원가의 산정 72
3. 재고자산 평가방법들의 비교 및 의미 79
4. 재고자산의 평가 82

Ⅲ. 유형자산 ························ 83

1. 유형자산의 취득 84
2. 감가상각 90
3. 감액손실 97

Ⅳ. 무형자산 ························ 99

1. 개 요 99
2. 영업권(Goodwill)과 부의 영업권 102

제 2 절 부채의 이해 ························ 105

Ⅰ. 부채의 정의 ························ 105

Ⅱ. 부채의 분류 ························ 106

Ⅲ. 유동부채 ························ 109

Ⅳ. 비유동부채 ························ 111

1. 사 채 111
2. 장기차입금과 장기성매입채무 116
3. 장기충당부채 116

제 3 절 자본의 이해 ························ 117

Ⅰ. 개 요 ························ 117

Ⅱ. 증 자 ························ 119

Ⅲ. 감자(주식의 소각) ························ 120

Ⅳ. 자기주식(주식의 재취득) ························ 122

Ⅴ. 자본조정 ························ 123

Ⅵ. 이익잉여금 ························ 124

1. 개 요 124
2. 이익잉여금처분계산서 및 자본변동표 125

제 3 장 재무제표의 분석

제 1 절 기업의 분석기법 ······131
제 2 절 재무제표분석 ······132
제 3 절 기업의 유동성과 활동성을 평가하기 위한 분석 ······135
Ⅰ. 운전자본(working capital) ······136
Ⅱ. 유동비율(current ratio) ······137
Ⅲ. 당좌비율(quick ratio) ······139
Ⅳ. 재고자산회전율 ······141
Ⅴ. 매출채권회전율(Accounts Receivable Turnover Ratio) ······144
Ⅵ. 부채비율(debt-to-equity ratio) ······145
제 4 절 기업의 성과와 수익성을 평가하기 위한 분석 ······146
Ⅰ. 매출액영업이익률(Profit Margin) ······146
Ⅱ. 추세분석 ······148
Ⅲ. 이자보상비율 ······149
Ⅳ. 재무비용보상비율(Fixed Charge Coverage Ratio) ······150
Ⅴ. 주당순이익(Earnings Per Share; EPS) ······150
Ⅵ. 주가이익비율 ······153
Ⅶ. 각종 이익률 ······154
1. 총자본이익률(Return on assets; ROA) 154
2. 자기자본이익률(Return on common equity: ROE) 155
3. 투자수익률(Return On Investment: ROI) 155

제 4 장 현금흐름표의 이해

제 1 절 현금흐름표의 의의 ······161

제 2 절 현금의 정의 ······162

제 3 절 현금흐름표의 구성 ······162

제 4 절 현금흐름표의 작성 ······165

제 5 절 현금흐름표의 분석 ······171

Ⅰ. 현금이자보상비율 ······171

Ⅱ. 현금배당보상비율 ······172

Ⅲ. 이익의 질 비율 ······172

Ⅳ. 주당현금흐름 ······173

제 5 장 회계정보의 유용성

제 1 절 개 요 ······177

제 2 절 회계정보가 갖추어야 할 속성 ······179

제 3 절 우리나라의 회계기준과 법적지위 ······185

Ⅰ. 우리나라 회계기준의 역사 및 제정권한 ······186

Ⅱ. 기업회계기준의 법적근거 ······188

Ⅲ. 회계기준의 제정과정 ······189

Ⅳ. 현행 기업회계기준의 구조 ······191

Ⅴ. 기업회계기준과 상법과의 관계 ······194

제4절 회계정보의 검증-회계감사 ······196

Ⅰ. 개 요 ······196

Ⅱ. 회계감사의 법적근거 및 책임 ···· 197
Ⅲ. 회계감사기준 ···· 198
Ⅳ. 감사보고서 ···· 198

찾아보기 ···· 201

01 서 론

Accounting for Lawyer

제 1 절 법률가와 회계
제 2 절 기초개념의 이해

제1절 법률가와 회계

Ⅰ. 법률가의 회계 이해 필요성

01 회계(Accounting)[1]는 기업의 재무상태나 경영성과 등을 표현하는 '언어(language)'라고 일컬어진다. 언어의 목적이 정보(information)를 전달하기 위함이라고 보면 회계의 궁극적인 목적도 의사결정에 유용한 정보를 제공하는데 있다고 할 수 있다. 이러한 측면에서 본다면 기업과 관련된 법률 서비스를 제공하는 법조인들에게 있어 회계시스템을 통하여 창출된 회계정보를 이해할 수 있는가 하는 점은 매우 중요한 문제라고 할 수 있다. 기업의 활동이 점점 복잡해짐에 따라 회계정보에 대한 기본적인 이해 없이 기업에게 타당하고도 포괄적인 법적 조언을 한다는 것은 결코 쉬운 일이 아니기 때문이다. 또한 기업측을 대리하는 경우가 아니라 반대로 개인이 기업을 상대로 소송을 하는 경우, 그 개인을 대리하는 경우에도 상대방 기업에 대한 이해는 매우 중요할 것이다.

가령 다음과 같은 사례를 살펴보기로 하자. 유명 영화배우가 확정금액의 영화출연료에 덧붙여 영화개봉 후 발생하는 '순이익'에 대해 10%를 추가로 받는 계약을 영화사와 체결했다. 영화는 흥행에 성공하였고, 이에 따라 영화배우는 많은 돈을 추가로 받을 것으로 기대했다. 그러나 영화사는 관련비용 등을 모두 고려해 본 결과 오히려 손실이 발생하여 영화배우에게 추가적으

1) 회계에는 여러 종류가 있으나 외부이용자를 대상으로 하여 회사의 재무상태나 영업성과와 관련된 정보를 제공하는 회계를 재무회계(Financial Accounting)라 한다. 이 책에서는 다른 특정이 없는 한 회계는 재무회계를 가리킨다.

로 지급할 돈이 없다고 주장하였다. 이에 따라 영화배우가 변호사인 당신을 찾아와 도움을 요청한 경우를 가정해 보자. 이 사건과 관련하여 쟁점사항은 과연 영화사에 순이익이 얼마나 발생하였는가 하는 것이다. 따라서 영화사에게 영화와 관련된 손익정보를 알려달라고 요청하였고, 이에 대해 영화사가 보내온 서류를 검토한 결과 '손익계산서'라는 제목의 서류에 영화와 관련된 수익, 비용 등이 적시되어 있고 맨 마지막 줄에는 순이익이 마이너스로 기록되어 있었다. 즉 순손실이 발생한 것으로 명기되어 있었던 것이다. 이 서류를 검토한 후 당신은 영화배우에게 계약서상의 '순이익'이 마이너스로 나타났으므로 당신이 추가로 받을 금액은 없으니 소송을 할 수 없다고 조언할 것인가? 그렇지는 않을 것이다. 분명 영화사가 제시한 '순이익'이 적절히 산정되었는지에 대해 검토하고자 할 것이고, 그러기 위해서는 '순이익'이 도출된 과정에 대한 이해가 선행되어야 할 것이다. 즉 영화사가 보내온 손익계산서상의 결론항목인 순손실에만 기초하여 당신의 법적의견을 영화배우에게 이야기하는 것이 아니라, 수익항목과 비용항목들도 모두 검토하여 과연 수익이 과소계상되지는 않았는지 또는 비용은 과대계상 혹은 해당 영화와 무관한 비용이 산입되지는 않았는지 등을 살펴보고 여기에 의문점이 있을 때에는 영화사측의 손익계산서가 잘못 작성된 것이라는 주장하에 소송을 할 수 있을 것이다. 결국 이러한 법적 조언을 하기 위해서는 기본적으로 회계에 대한 이해가 필수적이라고 할 것이다.

이와 같은 예 이외에도 법조실무에서 회계문제(accounting issues)는 다양하게 발생한다. 변호사가 기업이나 기업의 소유주들을 대리하여 일을 수행하는 경우에는 말할 것도 없거니와, 설령 기업이나 기업의 소유주들을 대리하는 경우가 아니라 기업과 그 기업의 소유주와 법적인 이해관계가 얽혀있는 고객(client)을 대리하게 되는 경우에도 기업의 언어라고 불리우는 회계를 이해하여야만 보다 충실한 법률자문을 할 수 있게 될 것이다. 게다가 회계문제는 정부조직을 포함하는 비영리단체를 대리할 때에도 발생하게 된다.

심지어 개인간 문제라고 할지라도 회계문제가 발생하는 경우가 있다. 따라서 거의 모든 변호사들은 그들의 직무를 수행하는 동안 회계용어(accounting terminology)나 회계개념(accounting concept)이 포함되어 있는 법률문서(legal document)에 서명하게 되는 일이 발생한다고 볼 수 있을 것이다.[2)]

Ⅱ. 법조인의 학습 범위

02 현재 우리나라의 법학교육은 미국식 로스쿨제도의 도입논의 및 법률시장의 개방으로 많은 변화가 예상되고 있다. 이런 점에 비추어 법조인에게 회계의 중요성을 강조하고 있는 미국의 예는 참고하기에 충분한 가치가 있다. 미국의 로스쿨(law school)에는 예외없이 회계과목[3)]과 재무과목[4)]이 개설되어 있으며, 많은 변호사들이 회계사 자격증을 동시에 가지고 있기도 하다. 그렇다면 법조인이 회계를 어느 정도까지 알아야만 하는 것일까? 이에 대한 답을 하기 위해서는 회계란 무엇이고 관련학문에는 어떠한 것들이 있는지를 먼저 살펴보아야만 한다.

회계는 기본적으로 경제적 활동(economic activity)을 측정(measuring)하고 분류(classifying)하며 보고(reporting)하는 역할을 한다. 이를 통해 정보이용자들에게 유용한 정보를 제공함으로써 회계의 목적을 달성하게 된다. 정

2) 이를 구체적으로 예를 들어 살펴보면 다음과 같다. 소송전문변호사(litigator)들은 계약법(contract)과 불법행위법(tort)에 기한 손해배상액(damages)의 산정시 회계문제에 직면하게 되고, 거래전문변호사(transactional lawyers)는 회계용어를 포함하는 법률문서를 작성하거나 계약협상을 하는 경우가 많다. 조세전문변호사(tax lawyers)는 과세표준(taxable income)을 결정하는데 회계개념에 의존하게 된다. 합병전문변호사의 경우에는 매입법(purchase method)과 풀링법(pooling method)의 차이를 이해하여야만 한다. 증권전문변호사(securities lawyers)의 경우에는 흔히 고객에게 증권법상의 공시의무사항들에 대해 조언해야 할 경우가 많다. 이혼전문변호사의 경우에는 양육비, 재산분할 등을 계산하는데 있어 회계의 개념을 이해하여야 할 경우가 있을 것이다. 마지막으로 재무부정사건(financial fraud)의 증가는 형사전문변호사에게 회계의 개념을 이해할 것을 요구하게 된다.

3) 보통 'accounting for lawyers'라는 과목으로 개설된다.

4) 보통 'corporate finance'라는 과목으로 개설된다.

보이용자는 기업경영자, 주주, 채권자, 국세청 등 정부당국, 소비자, 근로자 등 매우 다양한데, 각 정보이용자 그룹별로 필요로 하는 정보가 조금씩 다른 게 일반적이다. 회계는 이러한 정보이용자의 요구에 맞춰 그들이 이용하기에 적절한 회계정보를 창출해 내게 되는데 이로 인해 회계는 다음과 같이 여러 가지로 세분된다.

① 재무회계: 다양한 회계정보이용자들 중 회사의 내부정보에 쉽게 접근하지 못하는 외부이용자들의 욕구를 공통적으로 충족시키는 회계정보를 제공하는 분야
② 원가회계: 제조기업에 있어 원가의 산정을 주된 목적으로 하는 분야
③ 관리회계: 경영자들이 의사결정을 하는데 필요한 회계정보를 제공하는 분야
④ 세무회계: 기업이 부담할 세금을 산정하기 위하여 회계시스템을 유지 하는 분야
⑤ 회계감사: 경영자가 작성한 재무제표에 대한 의견을 표명함으로써 재무제표의 신뢰성을 제고하는 분야

법률가들은 일반적으로 회계장부의 작성법(bookkeeping) 혹은 회계 담당자들이 하는 것과 같은 실무를 전부 알아야만 할 필요는 없다. 하지만 회계, 그 중에서도 재무회계의 근간을 이루고 있는 개념(concepts)에 대해서는 회계담당자들보다 오히려 더 잘 이해하고 있어야만 할 필요가 있다. 왜냐하면 법률가들은 회계담당자들과 다르게 법적 환경(legal contexts)하에서 회계를 다루어야만 하기 때문이다. 회계는 두 가지 관점에서 법적 환경에 등장한다. 하나는 회계숫자가 법적 문제(legal issue)와 실제적으로 연관이 되는 경우이고,[5] 다른 하나는 회계용어나 개념이 법에 포함되는 경우이다. 회계상의 숫자가 법적 문제와 연관이 될 경우 법조인은 그 숫자가 이야기하는 것이 어떠한 것인가를 명확히 이해할 필요가 있다. 현행 재무회계는 최대한 유용한 정보가 제공되도록 노력하고 있으나 그렇다고 해서 산출된 수치가 모든 면에서 완전하다고 볼 수는 없기 때문에 회계상의 수치가 법적 문제와 관련되

5) 가령 이혼시에 재산분할(property settlement)과 관련하여 재무제표가 이용되는 경우를 생각해 볼 수 있다.

는 정도를 평가해 볼 필요가 생기는 것이다. 법에서 회계학상의 개념이나 용어를 차용하는 경우에도 주의를 기울여야 할 필요가 있다. 물론 회계학상 쓰이는 의미와 동일한 의미로 사용될 수도 있으나 그와 다르게 특정한 법적 의미로 사용할 수도 있을 것이기 때문이다.

법률가들은 여러 종류의 회계 중 외부이용자들을 주 대상으로 하는 재무회계를 이해하면 된다. 더불어 기업이 작성한 회계정보의 진실성(veracity)을 평가하고 이에 대한 의견을 제시하는 역할을 함으로써 회계정보의 신뢰성을 제고하는 회계감사(auditing)를 개괄적으로 알 필요가 있다. 한편, 회계정보를 이용하여 추가적으로 새로운 정보를 창출해 내는 분야로 재무(finance)가 있는데, 재무는 과거자료에 근거하여 창출된 회계정보(accounting information)를 이용하여 재무적 가치(financial value)와 재무적 위험(financial risk)을 측정하는 역할을 한다. 재무회계정보를 근거로 산출되는 재무정보의 이해를 위하여 재무의 기초를 이해하고 있으면 기업을 둘러싼 여러 정보들을 새로운 시각으로 바라볼 수 있을 것이다.

결론적으로 회계는 과거에 대한 자료를 기초로 회계정보를 창출해 내며, 재무는 회계정보를 이용하여 미래에 관한 정보를 창출해 내고 회계감사는 재무정보를 창출해 내는데 이용할 회계정보에 신뢰성을 부여하는 역할을 한다고 요약할 수 있으며, 따라서 이 세 가지 부문은 사기업을 이해하고 법적 조언을 하는데 있어서 기본축을 구성한다고 볼 수 있을 것이다. 그렇다면 법률가들은 이 세 범주를 어느 정도의 깊이까지 이해하여야만 하는가? 사실 이 세 범주 중 재무회계와 회계감사는 회계학 전공자들도 최소 3학기에 걸쳐 공부하여야 할 만큼 방대한 양이며, 재무는 그 기초만도 재무관리 전공자들이 최소 2학기 이상 공부하여야 할 양이라고 볼 수 있다. 법률가들이 이 모두를 그 수준까지 공부할 수는 없는 일이고 또 그럴 필요도 없다. 법률가들이 알아야 할 회계와 재무, 회계감사는 일반적으로 경영학 전공자들이 배우는 것과는 각도를 달리해야만 한다.

따라서 이 책에서는 법률가의 입장에서 알아야 할 내용들을 재무회계를 중심으로 기술하게 될 것이고, 회계감사와 재무에 대해서는 가장 필수적인 내용에 대해서만 필요한 부분에서 간략히 언급할 것이다.

제 2 절 기초개념의 이해

Ⅰ. 회계정보의 전달수단: 재무제표

03 회계의 어원은 'account'이다. 이는 누군가의 업무를 설명한다는 뜻이다. 따라서 'accounting'은 회사의 업무를 분석하고 설명하는 절차라고 정의할 수 있을 것이다. 이런 관점에서 본다면 이 책에서 중점적으로 다루고 있는 재무회계는 기업의 경제적 활동을 화폐단위로 측정하여 회계정보를 창출해 내고 이를 이해관계자에게 전달함으로써 이해관계자가 의사결정을 하는데 도움을 주는 것으로 이해할 수 있다. 여기서 이해관계자라고 하면 경영자, 채권자, 정부 등 여러 유형이 있으나 재무회계에서 가장 중요시하고 또한 주된 회계정보의 이용자라고 보는 것은 투자자이다. 그 이유는 기업이 필요로 하는 자금을 제공하고 궁극적으로 이 투자자금에 대한 위험을 부담하고 있는 자가 바로 투자자이기 때문이다. 따라서 회계정보는 이들 투자자의 관심사항을 충족시켜 주기 위해 존재한다고 해도 과언이 아니다. 그렇다면 여러 가지 정보 중 투자자의 주된 관심사항은 무엇일까? 투자자의 주된 관심사항은 다름아닌 자신이 투자한 자금이 얼마의 수익을 가져다 줄 것인가 하는 것이다. 즉 자신이 기업으로부터 얼마의 현금 및 현금등가물을 받을 수 있겠는가가 가장 중요한 관심사항이다. 이러한 측면에서 본다면 결국 회계정보는 미래의 현금흐름에 대한 정보를 제공하는 것이 궁극적인 목적

이라고 볼 수 있다. 그렇다면 회계정보는 어떻게 이해관계자에게 제공되는가? 재무회계에서 회계정보를 이해관계자에게 전달하는 주된 수단으로 채택한 것은 바로 '재무제표(Financial Statements)'라고 하는 것이다. 재무제표는 회계정보를 일목요연하게 정리한 하나의 표라고 할 수 있는데, 어떤 유형의 회계정보를 담고 있는가에 따라 다섯 가지로 세분된다. 각각의 재무제표에 대한 상세한 설명과 이러한 재무제표가 작성되기까지의 과정 등은 장을 달리하여 기술하기로 하고 여기서는 간략히 다섯 가지 재무제표가 무엇인가를 알아보기로 한다.[6)]

첫째는 대차대조표(balance sheet)로 이는 일정시점에서 기업이 현재 보유하고 있는 경제적 자원인 자산과 경제적 의무인 부채 및 소유주지분인 자본에 대한 정보를 제공한다. 여기서 자산(assets)이란 과거의 거래나 사건의 결과로서 현재 기업실체에 의하여 지배되고 미래에 경제적 효익을 창출할 것으로 기대되는 자원을 말한다. 부채(liabilities)란 과거의 거래나 사건의 결과로 현재 기업실체가 부담하고 있고 미래에 자원의 유출 또는 사용이 예상되는 의무이다. 기업이 보유하고 있는 자산과 부담해야 할 의무인 부채의 차액은 순자산(net worth) 혹은 자본(owner's equities)[7)]이라는 항목으로 대차대조표에 나타나게 되는데, 이는 결국 기업실체의 자산에 대한 소유주의 잔여청구권이라고 할 수 있다. 만약 대차대조표가 작성된 현재 시점에서 기업이 청산을 한다고 가정하면 기업이 소유한 자산 중 부채금액에 해당하는

---

6) 오랜동안 기업회계기준에서는 재무제표를 네 가지로 규정해 왔는데, 이는 대차대조표, 손익계산서, 이익잉여금처분계산서, 현금흐름표이다. 그러나 2003년 7월31일에 발표된 기업회계기준서 공개초안인 '재무제표의 작성과 표시 Ⅰ, Ⅱ'와 2003년 12월 4일 개정된 '재무회계개념체계'에서는 이익잉여금처분계산서 대신 자본변동표를 네 가지 재무제표 중 하나로 규정하였다. 대신 이익잉여금처분계산서는 자본변동표의 주석사항으로 기재하도록 하였다. 하지만 2006년 4월 19일에 '재무제표의 작성과 표시 Ⅰ'이 기업회계기준서 제21호로 확정되었는데, 여기서는 기존의 네 가지 재무제표에 자본변동표를 추가하여 다섯 가지의 재무제표가 되었다.

7) 자본은 자본금과는 구별된다. 회계학에서 자본금이라 함은 법정자본, 즉 액면가액에 발행주식수를 곱하여 얻어진 금액을 말하는 반면, 자본이라 함은 자산과 부채의 차이를 일컫는다. 결국 자본은 자본금을 포괄하는 보다 넓은 개념이라고 할 수 있다.

부분만큼은 채권자에게 지급될 것이고 나머지 잔여부분은 주주에게 지급될 것이기 때문이다.

둘째로, 손익계산서(income statement)는 기업이 일정기간 동안 얼마의 수익을 벌어들였고 이를 위해 얼마의 비용을 지출했는가를 나타내주는 것이다. 여기서 수익이란 기업실체의 경영활동과 관련된 재화의 판매 또는 용역의 제공 등에 대한 대가로 발생하는 자산의 유입 또는 부채의 감소를 말한다. 반면 비용이란 기업실체의 경영활동과 관련된 재화의 판매 또는 용역의 제공 등에 따라 발생하는 자산의 유출이나 사용 또는 부채의 증가이다. 일정기간의 수익과 비용의 차액을 그 기간의 순이익(net income) 또는 순손실(net loss)[8]이라고 한다. 순손익은 궁극적으로 대차대조표상의 자본에 영향을 미치게 된다. 즉 일정기간 동안 기업의 재무적 성과가 좋아 순이익이 발생하게 되면 결국 그 부분은 그 기업의 소유주의 부를 증가시키게 되어 자본이 증가되고, 반대로 순손실이 발생하게 되면 소유주의 부가 감소하는 결과를 가져와 자본이 감소되게 된다. 결국 손익계산서는 대차대조표의 자본항목 중 영업활동의 결과로 나타나는 증감내역을 별도의 표로 만들어 구체적으로 보여주는 역할을 한다고 말할 수 있다. 다만 한 가지 유의할 사항은 손익계산서에 표시된 순이익 또는 순손실 이외에 대차대조표의 자본항목에 직접 가감되는 영업활동상의 손익이 있을 수도 있다는 점이다. 이를 조금 상세하게 살펴보기로 하자. 자본의 증감을 가져오는 원천은 크게 두 가지로 나뉘는데, 하나는 소유주와의 자본거래에서 비롯된 것이고 다른 하나는 기업의 영업활동에 의한 손익거래에서 비롯된 것이다. 이중 손익거래에서 비롯된 자본의 증감부분을 회계학적 용어로는 '포괄이익(comprehensive income)'이라고 표현한다. 손익계산서가 기업의 영업활동에서 비롯된 손익을 구체적으로 보여주는 역할을 하는 것이라면 원칙적으로 포괄이익은 모

8) 수익이 비용을 초과하는 경우에는 순이익, 비용이 수익을 초과하는 경우에는 순손실이라고 한다.

두 손익계산서상에 표시되는 것이 옳다. 하지만 현행 기업회계기준에 의하면 포괄이익 중 일부만이 손익계산서상에 표시되고 나머지 일부는 손익계산서에 반영되지 않은 채 직접 대차대조표에 가감된다.[9] 손익계산서상의 최종결과물인 당기순손익이 궁극적으로 대차대조표의 자본에 귀속된다는 점을 고려하면 현행 기업회계기준에 의하는 방법과 포괄이익 전부를 손익계산서에 반영하는 방법은 결론적으로 동일한 결과를 가져온다고 말할 수 있다. 그렇다면 왜 현행 기업회계기준은 손익계산서에서 모든 손익을 처리하도록 하지 않고 일부는 대차대조표에 직접 가감하도록 했는가? 이는 기타포괄손익이 미실현손익(unrealized gains and losses)이라는 점에 기인한다. 원칙적으로 회계에서는 실현된 손익만을 당기순손익에 반영하도록 하고 있는데, 기타포괄손익은 이를 충족하지 못하기 때문이다.[10] 이상에서 설명한 바와 같이 손익계산서에서 산출된 순이익(또는 순손실)이 대차대조표의 자본에 영향을 미치게 된다는 점은 손익계산서와 대차대조표간에 밀접한 상관관계가 있음을 알려준다.

세번째는 자본변동표(the statement of changes in equity)로 기업실체에 대한 자본의 크기와 그 변동에 관한 정보를 제공하는 재무보고서이다. 기업은 앞서 설명한 순이익을 소유주에게 분배[11]하거나 사업에 재투자하게 되는데, 이러한 내역을 정리하여 보여주는 것이 바로 자본변동표인 것이다. 자본변동표에는 순이익의 사용내역 이외에 소유주의 투자와 기타 포괄손익(other comprehensive income)[12]에 대한 정보가 포함된다. 기타포괄손익은 손익계산서에 포함되는 손익은 아니지만 자본의 변동을 가져오는 것으로 대차대조

9) 대차대조표에 직접 가감되는 부분을 구체적으로는 '기타포괄이익(other comprehensive income)'이라고 부른다.

10) 손익계산서에 미실현손익이 포함되는 예외적인 경우가 있기는 하지만 이는 극히 이례적이라고 할 수 있다.

11) 이를 배당(dividend)이라 한다.

12) 기타 포괄이익과 순이익을 합하여 포괄이익이라 한다. 포괄이익은 기업실체가 일정 기간 동안 소유주와의 자본거래를 제외한 모든 거래나 사건에서 인식한 자본의 변동을 말한다.

표의 자본항목에서 직접 가감되는 것이라는 것은 앞서 손익계산서에서 설명한 바와 같다.

네번째는 이익잉여금처분계산서(또는 결손금처리계산서)이다. 이는 대차대조표에 계상되는 이익잉여금의 변동원인을 설명하는 보고서이다. 자본변동표가 재무제표의 하나로 산입되기 전에는 이익잉여금처분계산서가 의미를 가지고 있었으나, 이익잉여금의 변동내역이 자본변동표에 보고된다는 측면을 고려하면 독자적인 의미는 별로 없다고 할 수 있다. 하지만 상법상 이익잉여금처분계산서를 작성하도록 하고 있는 점 등을 고려하여 기업회계기준서 제21호가 이익잉여금처분계산서를 재무제표의 일원으로 유지시켜 놓은 것으로 해석된다.

다섯번째는 현금흐름표(statement of cash flow)이다. 현금흐름표는 일정기간 동안 기업실체의 현금유입과 현금유출에 대한 정보를 제공하는 재무보고서이다. 현금흐름표는 영업활동을 통한 현금창출에 관한 정보, 투자활동에 관한 정보 및 자본조달을 위한 재무활동에 대한 정보를 제공한다. 이러한 현금흐름 정보는 기업실체의 현금지급능력, 재무적 탄력성, 수익성 및 위험 등을 평가하는데 유용하며, 여러 기업실체의 미래 현금흐름의 현재가치를 비교하고 기업가치를 평가하는데 필요한 기초자료를 제공한다.

이상의 다섯 가지 재무제표는 동일한 거래나 사건의 다른 측면을 반영하고 있으므로 서로 연관성을 가지고 상호 보완적 관계에 있다. 재무제표간의 연관성을 그림으로 나타내면 [그림 1-1]과 같다.

재무제표간의 상호보완적 관계를 구체적으로 예를 들어보면 다음과 같다. 대차대조표는 기업실체의 유동성과 재무건전성을 평가하는데 유용한 정보를 제공하는데, 만약 대차대조표 정보가 현금흐름표 정보와 함께 이용된다면 유동성 또는 재무적 탄력성을 평가하는데 더 유용할 수 있다. 손익계산서는 기업실체의 수익성을 평가하는데 유용한 정보를 제공하는데, 이 정보가 대차대조표 정보와 함께 이용된다면 더욱 의미있는 해석이 가능해진

[**그림** 1-1] 재무제표간의 연관성

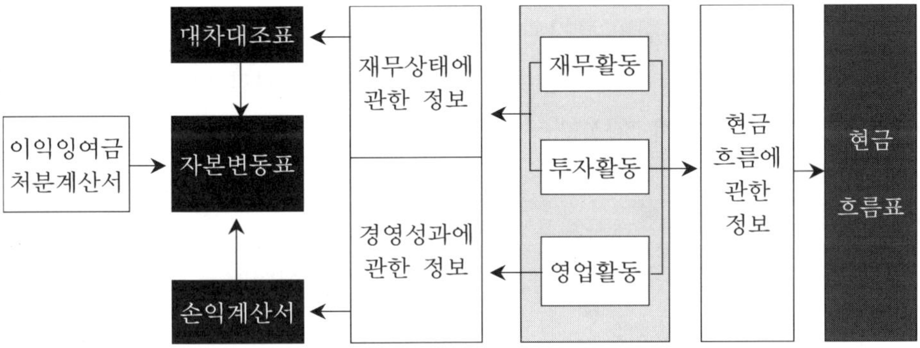

진다. 가령, 자기자본이익률[13]은 수익성의 기간별 비교 또는 기업실체간 비교의 목적으로 유용한 정보를 제공할 수 있다. 현금흐름표는 일정기간 동안의 현금유입과 현금유출에 대하여 정보를 제공하지만 동일한 회계기간 내에서 수익과 비용이 대응되는 것과는 달리 현금유입과 현금유출은 서로 대응되어 표시되지 않으므로 현금흐름표는 기업실체의 미래 현금흐름을 전망하는데 충분한 정보를 제공하지 못한다. 예를 들어, 영업활동에서의 현금유입은 많은 부분이 과거의 영업활동에 의해 나타나게 되고, 또한 현재의 현금지출은 미래의 현금유입을 위하여 이루어진다. 그러므로 미래의 현금흐름을 예측하기 위해서는 현금흐름표 정보와 손익계산서 및 대차대조표의 정보가 함께 사용될 필요가 있다. 자본변동표는 자산, 부채, 자본 변동의 주요원천에 대하여 정보를 제공한다. 그러나 이러한 정보는 다른 재무제표 정보와 함께 사용되어야 그 유용성이 증대된다. 예를 들어, 주주에 대한 배당은

13) 이는 다음과 같은 산식에 의하여 구해진다.

자기자본이익률 = 당기순이익 / 평균자기자본

따라서 대차대조표상의 자기자본과 손익계산서상의 당기순이익 정보를 동시에 이용하여 구하게 되는 비율이다.

손익계산서상의 이익과 비교될 필요가 있으며, 유상증자 및 자기주식 취득과 배당은 신규차입 및 기존 채무의 상환 등과 비교될 때 그 정보유용성이 증대될 수 있다. 소유주의 투자와 소유주에 대한 분배를 제외한다면, 회계기간 말 현재의 자본은 회계기간 초와 비교할 때 회계기간 중 인식된 포괄이익만큼 증가하게 되며, 자본변동의 모든 원천은 포괄이익에 의해 최종적으로 측정된다. 이러한 관점에서 대차대조표와 손익계산서는 상호 연계되는 관계에 있다. 또한 손익계산서는 대차대조표를 통해 현금흐름표와도 연계되는 관계에 있다. 예를 들어, 손익계산서의 세후영업이익은 영업에 필요한 투하자본의 증가액을 보충하는 원천이 되며, 나머지는 잉여현금흐름을 구성하게 된다. 하지만 이러한 재무제표가 제공하게 되는 정보는 화폐단위로 측정된 정보를 주로 제공하고, 대부분 과거에 발생한 거래나 사건에 대한 정보를 나타내며, 추정에 의한 측정치를 포함하고 있다는 특징 및 한계를 지니고 있다.

결국 법률가로서 구체적인 회계문제(accounting issue)를 이해하기 위해서는 궁극적으로 회계정보의 전달수단인 재무제표를 이해할 수 있어야 하고 나아가 재무제표가 작성되기까지 어떻게 회계정보(accounting information)가 기록(recording)되고 보고(reporting)되는지 그 시스템을 종합적으로 이해하여야만 한다. 재무제표가 작성되기까지의 시스템을 '회계의 순환과정'이라 칭할 수 있는데 이에 대해서는 항을 달리하여 설명하기로 한다.[14)]

Ⅱ. 회계의 순환과정

04 회계정보는 재무제표라는 양식을 통하여 이해관계자에게 전달된다고 하였다. 그렇다면 기업이 매일매일 영업활동을 행하면서 발생하게 되는 수많은 회계거래들을 어떻게 정리하고 요약하여 재무제표라는 양식에 일목요

14) 이어지는 'Ⅱ. 회계의 순환과정'을 참조하기 바란다.

연하게 담게 되는 것일까? 이는 소위 '회계의 순환과정(accounting cycle)'을 거쳐 이루어지게 된다. 회계의 순환과정이란 회계거래를 기록하고 요약하여 정보이용자들의 의사결정에 유용한 회계정보를 재무제표를 통하여 제공하는 일련의 과정이 주기적으로 반복되는 것을 말한다. 회계의 순환과정은 크게 세 단계로 분류되는데, 일상적 절차, 주기적 절차, 결산마감절차가 바로 그것이다. 일상적 절차란 기업이 영업활동을 하는 과정 중에 회계거래가 발

[그림 1-2] 회계의 순환과정

제1회계연도: 20×1년도

회계거래의 발생→회계거래의 기록(분개)→총계정원장의 해당계정에 전기	일상적 절차
→ 수정전시산표작성→수정분개→수정후시산표작성→재무제표작성	주기적 절차
→ 결산분개를 통하여 계정마감	결산마감 절차

⇩

제2회계연도: 20×2년도

회계거래의 발생→회계거래의 기록(분개)→총계정원장의 해당계정에 전기	일상적 절차
→ 수정전시산표작성→수정분개→수정후시산표작성→재무제표작성	주기적 절차
→ 결산분개를 통하여 계정마감	결산마감 절차

⇩

제3회계연도: 20×3년도

⇩

⋮

생하게 되면 이를 기록하게 되는 절차를 말한다. 반면 주기적 절차는 재무제표를 작성할 필요가 있을 때 추가적으로 이루어지게 되는 절차를 말한다. 주기적 절차는 재무제표를 월별로 만들게 되면 월별마다 이루어지게 될 것이고, 일년에 한 번 만들게 되면 매 연말에 이루어지게 될 것이다. 마지막으로 결산마감절차란 한 회계기간이 끝날 때 장부를 마감하는 절차를 말하는데, 이는 매 회계연도마다 단 한 번 이루어지는 절차이다. 이러한 세 단계의 절차는 매 회계연도마다 반복되어 이루어지게 되는데, 이를 그림으로 요약해 보면 [그림 1-2]와 같다.

회계정보는 그것이 어떻게 생성되고 어떤 강점과 약점을 지니고 있는지를 이해하게 되면 보다 의미있는 정보가 될 것이다. 따라서 이하에서는 이러한 회계의 순환과정을 각 과정별로 나누어 살펴보고, 이와 관련된 기본적인 회계의 개념들을 이해하기로 한다.

1. 회계거래의 발생

05 기업의 궁극적인 목적은 이윤창출에 있다. 이러한 목적달성을 위하여 기업은 다양한 경제활동을 수행하게 된다. 그렇다면 회계는 기업이 수행하는 모든 경제적 활동에 대하여 측정 · 보고를 하게 되는 것일까? 기업의 모든 경제활동을 측정 · 보고하는 것이 가장 이상적인 것이겠지만 현실은 그렇지 않다. 무릇 정보라고 하는 것은 목적적합성과 더불어 신뢰성을 확보하고 있어야 하는데 기업의 모든 경제활동을 측정 · 보고하려고 시도하다 보면 정보의 목적적합성이나 신뢰성에 문제를 가져오게 되는 경우가 발생할 수 있다. 가령 기업의 직원들이 사내교육을 통하여 우수한 인재들로 탈바꿈하였다고 할 경우 이를 어떻게 객관적으로 측정하여 신뢰성 있는 정보를 정보이용자에게 제공할 수 있을 것인가? 주관이 개입된 정보는 신뢰성이 저하되고 나아가 기업이 제공하는 전체 정보에 의문을 갖게 하는 역작용을 가져올 수 있다. 따라서 회계학에서는 기업의 경제적 사건 중에서 일정한 기준

에 따라 회계시스템이 측정·기록하게 되는 사건을 '회계거래(accounting transaction)'라고 칭하고 이러한 회계거래만을 대상으로 정보를 산출하여 제공하게 된다. 회계거래가 되기 위해서는 기업이 수행한 경제적 행위나 사건이 당해 기업의 재무상태에 변동을 야기시켜야 하며 동시에 재무상태의 변동액을 화폐단위로 측정하는 것이 가능[15)]하여야 한다. 가령 기업이 아주 유능한 경영자를 스카우트하였다고 하자. 이는 분명 기업 입장에서 보면 경제적 사건에 해당할 것이나 화폐단위로 측정이 불가능하므로 이를 회계상 거래로 인식하지는 않는다.

때로는 경제적 사건이 화폐단위로 측정 가능함에도 불구하고 회계거래에 해당하지 않는 경우들도 있다. 가령 기업이 보유하고 있는 토지의 가치가 상승한 경우 이를 비록 화폐단위로 측정할 수는 있지만 회계거래로 인식하지는 않는다. 이는 기업이 수익을 언제 인식하는가 하는 수익인식기준과도 연관이 있는데, 회계에서는 일반적으로 일정 기준을 충족하여 수익이 '실현'되기 전까지는 수익 인식을 하지 않는다. 따라서 토지의 가치상승분은 '미실현'수익에 해당하여 토지의 처분시점, 즉 수익의 실현시점 이전까지는 회계거래로 인식되지 않게 되는 것이다.

한편, 화폐단위로 측정하는 것이 항상 명확한 것은 아니다. 원칙적으로 화폐단위로 측정하는 것이 불명확할 때에는 회계거래로 인식할 수 없으나 경우에 따라서는 추정을 통하여 회계거래로 인식되기도 한다. 즉 교환을 통해 이루어진 거래에 대해서는 화폐단위의 측정이 명확하나, 어떤 경우에는 교환이라는 거래를 통해 객관적으로 화폐단위가 측정되지 못하고 추정을 하여야만 되는 경우도 있다. 회계에서는 이처럼 추정이 이루어지는 경우라 할지라도 객관적이고 합리적으로 추정이 가능한 경우에는 회계거래로 인식한다. 그런데 이와 관련하여 '보수주의'라는 개념이 회계에는 넓게 퍼져있다. 보수주의란 동일한 확률을 가지고 있는 경우에는 자산이나 수익이 보다 작

15) 이를 '화폐단위의 가정(monetary unit assumption)'이라 일컫는다.

게 계상되도록 회계처리를 하여야 한다는 원칙을 말한다. 이런 관점에서 본다면 회사가 어떤 소송에 계류되어 있을 경우 회사측에 유리하게 판결이 날 것으로 예상되는 경우에는 회계거래로 인식하지 않지만, 반대로 회사에게 불리한 판결이 날 것으로 예상되고 그 결과 회사측 손실액이 합리적으로 추정가능한 경우에는 회계거래로 인식하게 된다.

2. 회계거래의 기록(분개)

(1) 회계등식을 이용한 기록

06 기업이 재무제표를 작성하기 위해서는 매일 매일의 회계거래를 일정한 회계시스템에 의하여 측정, 기록해 놓아야만 한다. 회계거래를 측정·기록하는 법칙으로 회계학에서 채택하고 있는 것은 '복식부기제도(double-entry bookkeeping system)'이다. '복식(double-entry)'이라고 하는 말에서 알 수 있듯이 하나의 회계거래가 발생하면 이와 관련하여 이중의 기록이 이루어지게 되는데, 이는 회계학의 가장 기본법칙인 '회계등식(accounting equation)'에서 연유한다. 회계등식은 다음과 같이 표현된다.

자산(Assets) = 부채(Liabilities) + 자본(Owner's equity)

회계 '등식'이라는 말에서 알 수 있듯이 좌측과 우측은 반드시 일치해야만 한다. 바꾸어 말하면 좌측의 자산의 합은 우측의 부채와 자본의 합과 항상 균형(balance)을 이루어야만 한다.[16] 이 회계등식은 어느 시점에서나 항상 성립되어야 하는데, 이를 위해 하나의 회계거래가 발생하면 이 등식이 성립하도록 기록이 이루어져야 한다. 가령, 자산이 증가되는 기록이 이루어지면 부채 또는 자본이 증가되는 기록이나 다른 자산이 감소되는 기록이 동

16) 이러한 의미에서 대차대조표를 왜 'Balance Sheet'라고 하는지를 유추해 볼 수 있을 것이다.

시에 이루어져야 한다는 것이다. 이러한 회계거래의 기록방식이 바로 복식부기(double-entry bookkeeping)인 것이다.

회계등식에서 또 하나 이해해야 할 점은 모든 회계거래는 회계등식에 의하여 자산, 부채, 자본이라는 세 항목을 이용하여 기록할 수 있다는 점이다. 회계거래가 발생하면 복식부기시스템에 의하여 자산, 부채, 자본, 세 가지 중 어느 곳엔가 금액이 기입되게 된다는 것이다.

회계등식과 복식부기를 이해하기 위하여 두 명의 변호사가 현금 오만원을 출자하여 '예림법무법인'을 개설한 후 영업활동을 시작한 경우를 살펴보기로 하자. 설명의 편의를 위하여 '예림법무법인'은 주식회사의 형태를 취한다고 가정하기로 한다. 이 예는 앞으로도 필요한 곳에서 계속 이용하기로 한다.

2006.1. 1:	두 명의 변호사가 현금 50,000을 출자함.
2006.1.15:	사무실로 쓸 건물을 현금으로 30,000에 구입함.
2006.1.20:	은행에서 20,000을 대출받음.
2006.1.25:	소송사건과 관련하여 수임료 5,000을 현금으로 받음
2006.1.27:	한 고객이 찾아와 사건을 맡기겠다고 약속하고 감.
2006.1.31:	사무실 비서에게 급여 2,000을 현금으로 지급함.

우선 위의 여섯 가지 사건이 회계거래에 해당하는지를 판단해 보아야 하는데, 앞서 설명한 기준에 의하면 2006.1.27의 사건을 제외하고 모두 회계거래에 해당함을 알 수 있다.[17] 따라서 다섯 건의 회계거래를 회계등식을 이용하여 분석해 보면 다음과 같다.

17) 회계거래가 되기 위해서는 기업이 수행한 경제적 행위나 사건이 당해 기업의 재무상태에 변동을 야기시켜야 하며 동시에 재무상태의 변동액을 화폐단위로 측정하는 것이 가능하여야 하는데, 2006.1.27의 사건은 단지 약속에 불과하므로 회계거래로 인식되지 못한다.

	자 산		=	부 채	+	자 본
2005.1. 1	50,000					50,000
2005.1.15	-30,000	30,000				
2005.1.20	20,000			20,000		
2005.1.25	5,000					5,000
2005.1.31	-2,000					-2,000
합 계	73,000		=	20,000	+	53,000

위의 각 거래들을 살펴보면 하나의 회계거래에 대하여 이중으로 숫자가 기록되고 있음을 확인할 수 있으며 동시에 항상 좌측의 합과 우측의 합이 일치함을 알 수 있다. 이처럼 각 개별 회계거래에 대하여 기록을 할 때마다 등식이 성립되므로 이를 기초로 대차대조표를 작성하는 시점에 자산, 부채, 자본의 합계금액을 구해보면 대차대조표의 좌측(자산)과 우측(부채+자본)이 항상 균형(balance)을 이루게 되는 것이다. 결국 회계등식에 기초하여 회계거래를 기록하게 되면 회계등식의 구성항목과 대차대조표의 구성항목이 동일하고 매 거래마다 등식이 성립되게 기록되므로 자연스럽게 [그림 1-3]과 같은 대차대조표를 작성할 수 있게 된다.

[그림 1-3] 예림주식회사의 대차대조표

대차대조표

자산	73,000	부채	20,000
		자본	53,000
합계	73,000	합계	73,000

(2) **계정을 이용한 기록**

07 그런데 위의 예처럼 단순한 경우에는 회계거래 발생시 자산, 부채, 자본이라는 큰 범주에 직접 반영하여 기록하여도 별 문제가 없으나, 거래량이

증가하게 되면 이후에 구체적으로 어떠한 내역의 증감이 이루어졌는지를 파악한다는 것이 매우 힘들어지게 된다. 즉 자산이 증가하였다면 구체적으로 어떠한 자산이 증가하였는지, 부채가 감소하였다면 어떤 부채가 감소하였는지 등을 파악하기가 불가능하다는 것이다. 나아가 회계정보의 이용자 측면에서도 자산, 부채, 자본의 구체적 항목들이 무엇인지를 파악할 수 있도록 정보가 제공되는 것이 바람직하므로 자산, 부채, 자본을 다시 세분하여 어떤 항목의 증감이 있었는지를 구체화할 필요가 생기게 된다. 가령 자산의 경우 현금, 예금, 건물, 기계장치, 토지 등 많은 항목들로 세분하여 표시하는 것이 회계정보를 제공하는 회사 입장이나 이를 이용하는 회계정보이용자 입장 모두 보다 유용하다는 것이다. 이때 자산, 부채, 자본을 구성하는 각 세부항목을 '계정(account)'이라고 한다. 계정은 회계거래를 기록하게 되는 기본 저장단위에 해당하는데, 이를 기초로 재무제표를 작성하게 된다. 따라서 대차대조표에 나타나 있는 세부항목들이 각각 하나의 계정을 구성한다고 보면 된다.[18] 물론 어느 기업에나 동일한 계정이 획일적으로 존재하는 것은 아니고 각 기업의 특성에 맞게 적절한 계정들이 이용된다. 하지만 일반적으로 가장 많이 사용되는 계정과목을 하나의 예시차원에서 기업회계기준에서 제시하고 있는데, 이를 살펴보면 [그림 1-4]와 같다.

계정의 양식은 여러가지 유형이 있을 수 있는데, 실무적으로 가장 일반적으로 쓰이는 양식을 현금계정에 대해 살펴보면 [그림 1-5]와 같다.

18) 경우에 따라서는 여러 계정을 중요성 관점에서 하나로 묶어 대차대조표에 공시하는 경우도 있으나 원칙적으로는 각각 공시한다고 보아도 무방하다.

[그림 1-4] 대차대조표 양식[19]

대차대조표(요약계정식)

제×기 20××년×월×일 현재
제×기 20××년×월×일 현재

회사명: 예림법무법인 (단위: 원)

과 목	당기	전기	과 목	당기	전기
자 산			**부 채**		
유동자산			유동부채		
당좌자산			단기차입금		
현금 및 현금성자산			매입채무		
단기투자자산			미지급법인세		
매출채권			미지급비용		
선급비용			이연법인세부채		
이연법인세자산			·········		
·········			비유동부채		
재고자산			사채		
제품			신주인수권부사채		
재공품			전환사채		
원재료			장기차입금		
·········			퇴직급여충당부채		
비유동자산			장기제품보증충당부채		
투자자산			이연법인세부채		
투자부동산			·········		
장기투자증권			부 채 총 계		
지분법적용투자주식					
·········			**자 본**		
유형자산			자 본 금		
토지			보통주자본금		
설비자산			우선주자본금		
(-)감가상각누계액			자 본 잉 여 금		
건설중인자산			주식발행초과금		
·········			·········		
무형자산			자본조정		
영업권			자기주식		
산업재산권			·········		
개발비			기타포괄손익누계액		
·········			매도가능증권평가손익		
기타비유동자산			해외사업환산손익		
이연법인세자산			현금흐름위험회피 파생상품평가손익		
·········			·········		
			이익잉여금(또는 결손금)		
			법정적립금		
			임의적립금		
			미처분이익잉여금		
			(또는 미처리결손금)		
			자 본 총 계		
자 산 총 계			**부채 및 자본총계**		

19) 2006년 4월 19일에 기업회계기준서 제21호 '재무제표의 작성과 표시Ⅰ'이 확정되었다. 따

[그림 1-5] 계정양식

현금계정 ○○면

월일	적 요	분면	차 변	대 변	잔 액
1.1	현금 50,000을 출자하다.		50,000		50,000

그러나 이 책에서는 설명의 편의상 일반적 양식 대신 다음과 같은 소위 'T 계정'이라는 약식 형태에 의하여 계정을 나타내기로 한다.

[그림 1-6] T계정 양식

현금계정	
차변	대변

위에서 차변(debit)과 대변(credit)[20]이란 해당 계정의 증감을 나타내기 위한 방법이다. 차변이란 계정의 좌측을 나타내고 대변은 계정의 우측을 나타낸다. '차변', '대변'에 그 이외의 별다른 뜻은 들어있지 않다. 일반적으로 실생활에서는 어떤 내역의 증가와 감소를 [그림 1-7]과 같은 형태로 나타낸다.

하지만 회계학에서는 어떤 계정의 증가와 감소를 실생활에서 일반적으로 쓰는 방법과는 달리 차변과 대변이라는 형태를 통해 나타내게 되는 것이다. 즉 어느 계정의 증가를 나타내는 것이 차변에 기입되는 것이라고 한다

라서 이를 기준으로 대차대조표 양식을 제시하기로 한다.

20) 회계학에서는 차변을 Dr., 대변은 Cr.이라는 약자를 사용하여 표현하는 경우가 많다. 이는 debitore와 creditore라는 이태리어로부터 유래한 것으로, 그 의미는 debtor와 creditor를 뜻하는 것이었다. 결국 debit과 credit은 debtor와 creditor에서 유래한 것으로 볼 수 있으나, 본문에서 설명한 바와 같이 현재는 단지 좌측과 우측을 가르치는 말일뿐 그 이상의 의미는 전혀 가지고 있지 않다.

[**그림** 1-7] 일반적인 경우의 증감기록

	현금
증가	+10,000
감소	-5,000
잔액	5,000

면 반대로 감소를 나타내기 위해서는 대변에 기록하게 된다. 반대로 어느 계정의 증가를 나타내는 것이 대변에 기입된다면 감소를 나타내는 것은 차변에 기입하게 된다. 결국 실생활에서 일반적으로 쓰는 방법은 하나의 란에 '+'와 '−'를 같이 적어 나가는 것이지만 회계학에서는 이를 두 개의 란으로 나누어 '+'와 '−'를 각각 기록한다고 볼 수 있다. 그런데 회계학에서는 '+'를 적는 란과 '−'를 적는 란에 대해 이름을 붙인 것이 아니라 일률적으로 두 란 중 왼쪽편에 있는 란을 차변, 오른쪽편에 있는 란을 대변이라고 칭한다. 이때 차변에 적는 것이 '+' 인지 혹은 '−'인지는 해당 계정의 성격이 무엇인가에 따라 다르다. 자산, 부채, 자본 계정에 대해 증가와 감소를 차변과 대변 중 어느 곳에 기록할 것인가를 정리해 보면 〈표 1-1〉과 같다.

〈표 1-1〉에서 보면 자산의 경우에는 차변에 증가를 기록하고 부채와 자본은 대변에 증가를 기록하는데 이는 대차대조표의 양식을 생각해보면 일응 이해가 될 것이다. 계정식 대차대조표를 보면 크게 왼편과 오른편으로 나뉘어서 계정과목들이 기록되는데 왼편에 기록되어 있는 계정들은 자산에

〈**표** 1-1〉 계정의 증감

	차변	대변
자산	증가(+)	감소(−)
부채	감소(−)	증가(+)
자본	감소(−)	증가(+)

속하는 것이고 오른편에 기록되어 있는 계정들은 부채와 자본에 속하는 계정들임을 알 수 있다. 자산 계정들이 대차대조표의 왼편에 기록된다는 것은 자산계정의 증가가 차변, 즉 왼편에 기록되기 때문이다. 반대로 부채와 자본 계정들이 대차대조표의 오른편에 기록되는 것은 부채와 자본 계정의 증가가 대변, 즉 오른편에 기록되기 때문이다. 따라서 이러한 구조를 기본적으로 이해하게 된다면 자산, 부채, 자본 계정의 증가와 감소가 차변과 대변 중 어느 쪽에 기록되는지를 쉽게 기억할 수 있을 것이다. 나아가 이러한 논리를 이해하게 된다면 자산 계정의 잔액이 '+'인 경우 이는 차변의 합계액이 대변의 합계액보다 크다는 것을 의미한다는 것을 알 수 있을 것이다. 이를 자산계정은 "차변잔액을 가진다"라고 표현한다. 반대로 부채와 자본 계정의 잔액이 '+'라는 것은 차변의 합계액보다 대변의 합계액이 크다는 것을 의미하게 될 것이다. 이를 부채와 자본계정은 "대변잔액을 가진다"라고 표현한다. 결국 대차대조표는 이러한 자산계정들의 잔액을 왼편에 모아서 기록하고, 부채와 자본계정들의 잔액을 오른편에 모아서 기록함으로써 대차대조표가 작성되는 시점의 기업의 자산이 어떤 종류로 얼마만큼 있고 부채와 자본이 얼마인지를 알려줌으로써 기업의 재무상태에 관한 정보를 제공해 주게 되는 것이다.

(3) 자본항목 중 손익항목의 분리에 의한 기록

08 앞서 자산, 부채, 자본은 대차대조표의 구성항목이며, 모든 회계거래를 이 세가지 항목으로 기록할 수 있으나, 보다 유용한 정보를 제공하기 위하여 세 항목을 여러 계정으로 세분하여 나타낸다고 하였다. 그런데 대차대조표의 자본항목은 자본금, 자본잉여금 등 여러 계정으로 세분하는 것과 더불어 특히 영업활동의 결과 나타나게 되는 자본의 증감부분은 별도의 표로 분리하여 그 내역을 공시하고, 그 표에서의 최종 순증감액만을 대차대조표의 자본항목에 표시하는 방법을 이용한다. 이때 이용되는 표가 바로 손익계산

[그림 1-8] 대차대조표와 손익계산서의 연관 관계

대차대조표

자산 ×××	부채 ×××
	자본 ×××
	당기순이익 ×××
×××	×××

손익계산서

수익	×××
비용	×××
당기순이익(당기순손실)	×××

서이고 최종순증감액은 당기순이익 또는 당기순손실을 의미한다. 이렇게 함으로써 정보이용자는 보다 구체적이고 유용한 손익정보를 얻을 수 있게 된다. 이러한 측면에서 본다면 대차대조표와 손익계산서는 서로 연관되어 있다는 것을 다시 한 번 확인할 수 있을 것이다.

당기순이익 또는 당기순손실은 기업의 수익과 비용의 차액에 해당하는 것이고, 손익계산서는 이러한 당기순이익 또는 당기순손실이 어떻게 산정되었는지를 구체적으로 알려주는 재무제표이다. 이때 수익과 비용의 내역을 앞서 자산, 부채, 자본항목을 여러 계정으로 세분한 것과 마찬가지로 세분하여 나타내게 되면 세분된 각 항목들 하나하나가 독립적인 계정을 구성하게 된다. 결국 수익계정과 비용계정들이 손익계산서의 구성항목이 된다는 것이다. 그렇다면 수익과 비용 계정의 증감은 차변과 대변의 어느 곳에 기입할까? 이는 수익과 비용이 궁극적으로 자본의 한 부분을 세분화한 것이라는 점에 착안하면 쉽게 알 수 있다. 수익의 증가는 자본의 증가를 가져온다. 그러므로 수익계정의 증가는 자본의 증가를 대변에 기록하는 것과 마찬가지로 대변에 기록하게 되는 것이고, 비용계정의 증가는 자본의 감소를 가져오므로 자본의 감소가 차변에 기록되는 것과 동일하게 차변에 기록하게 된다.

지금까지의 설명을 정리해 보면 다음과 같다. 먼저 회계거래는 회계등식에 의하여 자산, 부채, 자본 이라는 세 항목으로 나타낼 수 있고, 정보의 유

〈**표** 1-2〉 수익, 비용 계정의 증감

	차변	대변
수익	감소(−)	증가(+)
비용	증가(+)	감소(−)

용성을 높이기 위하여 세 항목을 세분하여 여러 계정으로 나누어 공시를 하게 된다. 이때 자산, 부채, 자본 계정들의 잔액을 모아서 만든 표가 바로 대차대조표이다. 한편, 영업활동으로 인한 손익항목들은 궁극적으로 자본의 증감을 가져오므로 자본에 직접 반영할 수도 있으나 정보의 유용성을 높인다는 측면에서 이를 별도로 수익계정과 비용계정으로 세분하여 기록하고 이를 손익계산서를 통하여 공시하며, 수익과 비용의 차액인 당기순이익 또는 당기순손실만을 대차대조표의 자본항목으로 보내 공시하게 된다. 결국 손익계산서는 대차대조표의 자본항목 중 영업활동으로 인한 손익항목만을 별도로 뽑아내어 회계정보를 공시하는 재무제표임을 확인할 수 있다.

[**그림** 1-9] 손익계산서양식

손익계산서

제×기 20××년×월×일부터 20××년×월×일까지
제×기 20××년×월×일부터 20××년×월×일까지

회사명: 예림법무법인 (단위: 원)

과 목	당 기	전 기
매출액		
매출원가		
기초제품(또는 상품)재고액		
당기제품제조원가(또는 당기상품매입액)		
기말제품(또는 상품)재고액		
매출총이익(또는매출총손실)		
판매비와관리비		

급여
퇴직급여
복리후생비
임차료
접대비
감가상각비
무형자산상각비
세금과공과
광고선전비
연구비
경상개발비
대손상각비
……

영업이익(또는 영업손실)

영업외수익
이자수익
배당금수익
임대료
단기투자자산처분이익
단기투자자산평가이익
외환차익
외화환산이익
지분법이익
장기투자증권손상차손환입
유형자산처분이익
사채상환이익
전기오류수정이익
……

영업외비용

이자비용
기타의대손상각비
단기투자자산처분손실
단기투자자산평가손실
재고자산감모손실
외환차손
외화환산손실

기부금
지분법손실
장기투자증권손상차손
유형자산처분손실
사채상환손실
전기오류수정손실
……

법인세비용차감전계속사업손익

계속사업손익법인세비용

계속사업이익(또는 계속사업손실)

중단사업손익
(법인세효과: ×××원)

당기순이익(또는 단기순손실)

주당손익

기본주당계속사업손익	×××원	×××원
기본주당순손익	×××원	×××원
희석주당계속사업손익	×××원	×××원
희석주당순손익	×××원	×××원

(4) 분개와 전기

09 하나의 회계거래가 발생하면 회계등식에 의해 최소한 두 개 이상의 계정에 영향을 주게 되므로 영향을 받는 계정이 무엇인지를 파악하고, 그 영향이 증가인지 감소인지에 따라 차변과 대변 중 어느 한 곳에 금액을 기록하게 된다. 가령 위의 예제 중 1월 1일의 회계거래에 대해 분석을 해보기로 하자. 먼저 두 변호사가 출자를 하였으므로 현금이라는 자산이 50,000원 증가하고 동시에 자본금이라는 자본이 50,000원 증가하게 된다. 따라서 현금

[**그림** 1-10] 회계거래로 인한 계정의 결합관계

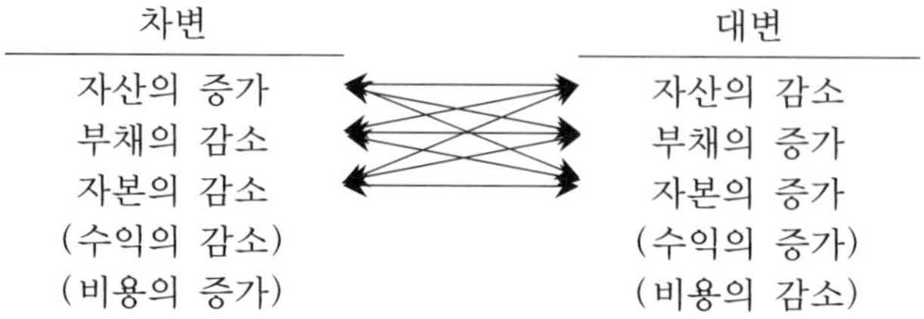

계정의 차변에 50,000원을 기록하고 동시에 자본금계정의 대변에 50,000원을 기록하게 되는 것이다. 참고로 회계거래가 발생하면 다음과 같은 형태로 계정이 영향을 받게 된다.

한편, 기업에서는 이러한 여러 계정들을 하나의 장부로 모아서 관리하게 되는데 이를 '총계정원장(general ledger)'이라고 한다. 그런데 복식부기시스템의 특성상 하나의 회계거래에 대해서 두 개 이상의 계정이 영향을 받게 된다고 했다. 이 경우 기업에서 발생하는 수많은 회계거래를 직접 각 계정에 바로 기록하게 되면, 시간이 흐른 후에 한 거래에서 발생한 두 개 이상의 관련 계정이 무엇이었는지를 파악한다는 것이 쉽지 않다. 따라서 실무에서는 회계거래가 발생하게 되면 바로 계정에 기록하기 전에 '분개장(journal)'이라는 장부에 어떤 계정에 영향을 미치는지와 금액을 기록하고 이를 토대로 각 계정에 금액을 옮겨 적는 방법을 쓴다. 이때 분개장에 회계거래를 기록하는 것을 '분개(journal entries)'라고 한다. 분개장의 양식은 아래와 같다.

적요란에는 관련 계정과목을 적고 간단히 거래내역을 기록한다. 면수는 분개장의 페이지 번호를 말한다. 앞서 계정과목의 양식에서 '분면'이라는 칸이 있었는데 이것이 바로 분개장의 페이지수를 의미한다. 한편, 원면이라는 것은 계정을 모아놓은 총계정원장의 페이지 수를 의미한다. 이는 분개장에 기록된 계정과목이 총계정원장상의 몇 페이지에 위치한다는 것을 알려준다. 따라서 이 원면과 분면을 가지고 서로 기록을 대조하여 볼 수 있게 된다. 이

[**그림** 1-11] 분개장의 양식

분개장 면수 ○○

월일	적 요	원면	차변	대변
1.1	현금 자본금 (출자가 이루어짐)		*50,000*	 *50,000*

처럼 회계거래가 발생하면 이를 분개장에 분개하게 되고 이후 해당 계정에 관련기록을 옮겨 적는 절차를 밟게 되는데 이를 '전기(posting)'라고 한다. 회계거래가 발생한 경우 지금까지의 절차를 요약해보면 다음과 같다.

회계거래 발생 → 분개장에 분개 → 총계정원장상의 각 계정으로 전기

예림법무법인의 예에서 각 회계거래에 대한 분개를 약식으로 정리하고 그 의미를 분석해 보기로 한다.

일자	계정과목	차변	대변
1.1	현금	*50,000*	
	자본금		*50,000*

(분석) 예림법무법인으로 현금 *50,000*이 들어오므로 현금계정의 차변에 *50,000*을 기록한다. 동시에 출자한 변호사들에게 출자의 대가로 액면 *50,000*의 주식을 발행하므로 자본금계정의 대변에 *50,000*을 기록한다. 이렇게 되면 차변과 대변의 금액이 동일하게 기록됨을 알 수 있다.

일자	계정과목	차변	대변
1.15	건물	*30,000*	
	현금		*30,000*

(분석) 예림법무법인이 건물을 취득하게 되면 건물이라는 자산이 증가되므로 건물계정의 차변에 *30,000*을 기록하게 된다. 한편, 이 건물을 현금을 주고 구입했

으므로 현금이라는 자산이 그만큼 감소하게 되므로 현금계정의 대변에 30,000을 기록한다.

일자	계정과목		차변	대변
1.20	현금		20,000	
		은행차입금		20,000

(분석) 은행으로부터 돈을 빌린 것은 차입금이라는 부채에 해당하므로 은행차입금계정의 대변에 20,000을 기입한다. 차입으로 인해 예림법무법인의 현금이 그만큼 증가하였으므로 현금계정의 차변에 20,000을 기입한다.

일자	계정과목		차변	대변
1.25	현금		5,000	
		수임료수익		5,000

(분석) 법률서비스를 제공하고 그 대가로 현금 5,000을 받았으므로 현금계정의 차변에 이 금액을 기입한다. 동시에 이 금액만큼 예림법무법인의 수익이 증가한 것이고, 이는 결국 소유주인 두 변호사에게 귀속되는 것이므로 넓게 보면 자본의 증가를 가져오게 된다. 따라서 자본이라는 계정을 이용하여 대변에 이 금액을 기입하여도 된다. 그런데 예림법무법인에게 귀속되는 수익 중 구체적으로 어떤 내역인가를 알기 위해 수임료수익이라는 계정을 사용하여 분개를 한다. 결국 수익계정은 자본에 속하는 계정이라는 것이 핵심이다.

일자	계정과목		차변	대변
1.31	급료		2,000	
		현금		2,000

(분석) 직원급료로 2,000을 현금으로 지불하였으므로 현금계정의 대변에 2,000을 기입한다. 급료는 예림법무법인이 수익을 창출하기 위하여 지출한 비용에 해당하므로 궁극적으로는 소유주인 두 변호사의 지분이 그만큼 감소되는 것으로 볼 수 있다. 따라서 자본이 2,000만큼 감소되게 되는 것이다. 그런데 자본계정의 차변에 기입하지 않고 급료라는 계정을 따로 만들어 이 계정의 차변에 2,000을 기입하는 이유는 앞서 수익계정과 마찬가지로 자본이 감소하는 내역을 구체적으로 파악하기 위함이다. 결국 비용계정과 수익계정은 자본계정에서 파생되어 그 내역을 구체적으로 파악하기 위하여 만들게 되는 계정임을 알 수 있다.

예림법무법인의 예를 이처럼 분개장에 분개하고 해당 계정에 전기하는 절차를 거치면 일상적 절차가 완료된다. 그런데 예제를 풀면서 회계거래가 발생하였을 때 어떤 계정과목에 금액을 기입하여야 할 것인가를 결정하는 것이 쉽지 않았을 것이다. 아직까지 자산, 부채, 자본, 수익, 비용 항목 안에 어떤 계정과목들이 구체적으로 세분되어 사용되는지가 익숙치 않기 때문이다. 그러나 계정과목의 구체적인 이름은 그리 걱정할 필요는 없다. 가령 어떤 기업은 '기계' 라는 계정을 사용할 수도 있고, 다른 기업은 동일한 기계에 대해 '기계설비'라는 계정을 사용할 수도 있기 때문이다. 또한 어떤 기업은 컴퓨터만을 독립적으로 취급하여 '컴퓨터'라는 계정을 사용할 수도 있지만, 컴퓨터가 차지하는 금액비중이 그리 크지 않은 기업은 이를 다른 기계 등과 묶어 '기계설비'라는 계정에 포함시킬 수도 있다. 결국 세부적인 계정 명칭은 기업별 또는 산업별로 차이가 있을 수 있기에 그리 중요한 문제는 아니라는 것이다. 그러나 계정과목과 관련하여 반드시 이해하고 넘어가야 될 사항이 있다. 이는 어떤 계정이 자산, 부채, 자본, 수익, 비용 중 어느 항목에 속하는가를 구분할 수 있어야 한다는 점이다. 이것이 회계의 순환과정의 가장 첫걸음이라고 해도 무방하다. 대표적인 계정과목들에 대해서는 다음의 재무제표의 구성요소를 설명할 때 다루기로 한다.[21]

3. 재무제표의 작성

10 앞서 회계거래가 발생하면 이에 대해 장부에 기록하는 절차를 살펴보았다. 기업은 영업활동을 수행하면서 발생하는 수많은 회계거래에 대해 매일매일 분개를 하는 것이 일반적이다. 물론 기업에 따라서는 이러한 거래들을 일주일에 한번 혹은 한 달에 한번씩 모아서 전기를 통해 계정에 반영할 수도 있다. 어떤 형태가 되었든간에 여기까지의 절차는 일정시점에 재무제표를 작성하기 위한 기초자료로서의 역할을 한다. 이러한 의미에서 여기까지

21) '제2장 재무제표의 요소에 대한 이해'를 참조하기 바란다.

의 절차를 '일상적 절차'라고 칭한다. 그런데 기업이 재무제표를 통하여 공시하게 되는 회계정보는 각 계정에 반영된 모든 분개가 아니라 해당 계정의 잔액이다. 따라서 재무제표를 작성해야 되는 시점에 이르면 각 계정의 잔액을 파악하는 절차가 필요하게 된다. 계정잔액의 파악은 [수정전시산표의 작성→수정분개→수정후시산표의 작성]을 통하여 이루어지게 된다. 이를 구체적으로 나누어 설명하면 아래와 같다.

(1) 수정전시산표(unadjusted trial balance)의 작성

11 재무제표를 만들기 위해서는 그 기초가 되는 자료의 기록이 정확하여야 할 것이므로 분개와 전기를 통하여 총계정원장에 기록된 금액들이 오류없이 정확히 기입되었는지를 확인할 필요가 있다. 그렇다면 모든 회계거래에 대하여 일일이 장부를 뒤져가며 그 정확성을 확인하여야 될 것인가? 수많은 회계거래에 대하여 그러한 방식으로 정확성을 검증한다는 것은 현실적으로 불가능하다. 앞서 회계거래가 발생하면 대차평균의 원리에 의하여 한 계정의 차변에 기입된 금액과 다른 계정의 대변에 기입된 금액이 반드시 일치하여야 된다고 하였다. 재무제표를 만드는 시점까지의 모든 회계거래에 대하여 이러한 원칙을 충실히 이행한다면 모든 계정의 차변에 기입된 금액의 총합계는 모든 계정의 대변에 기입된 금액의 총합계와 당연히 일치하여야 할 것이다. 동시에 차변잔액을 가지는 계정을 모두 모아 계산한 합계액과 대변잔액을 가지는 계정을 모두 모아 계산한 합계액도 당연히 일치하여야 한다. 따라서 이러한 회계거래의 기록 속성을 이용하여 차변합계액과 대변합계액의 일치여부 검증 또는 차변잔액의 합[22]과 대변잔액의 합[23]의 일치여부 검증을 함으로써 회계기록의 정확성을 검증하게 된다.[24] 이때 이용

---

22) 앞서 설명한 바와 같이 차변잔액이 발생하는 계정은 자산계정과 비용계정이다. 07 참조.
23) 대변잔액이 발생하는 계정은 부채계정, 자본계정, 수익계정이다.
24) 특정 회계거래 자체가 누락된 경우에도 차변과 대변의 합계는 여전히 일치하므로, 이런 경우의 오류는 이 방법에 의해 발견해 낼 수 없다.

하는 수단이 시산표(trial balance)라고 하는 것이다. 시산표는 3가지 양식으로 나타낼 수 있는데, 각 계정의 차변금액 합계액과 대변금액 합계액을 대비하는 방법, 각 계정 잔액을 구하여 차변잔액을 가진 계정의 합과 대변잔액을 가진 계정의 합을 대비하는 방법, 이 양자를 모두 혼합하는 방법 등이 그것이다. 시산표는 'trial balance'라는 어원 그대로 재무제표를 만들기 위해 필요한 계정자료가 정확한지 검증해 보기 위하여 만드는 표에 불과하다. 따라서 공식적인 회계장부에 속하는 것은 아니다. 예제와 관련하여 이 3가지 양식을 예시해 보면 다음과 같다.

[**그림** 1-12] 시산표 양식

합계시산표

차변	원면[25]	계정과목	대변
75,000		현 금	32,000
30,000		건 물	
		은행차입금	20,000
		자 본 금	50,000
		수임료수익	5,000
2,000		급 료	
107,000			107,000

잔액시산표

차변	원면	계정과목	대변
43,000		현 금	
30,000		건 물	
		은행차입금	20,000
		자 본 금	50,000
		수임료수익	5,000
2,000		급 료	
75,000			75,000

25) 총계정원장상의 페이지번호를 말한다.

합계잔액시산표

차변		원면	계정과목	대변	
잔액	합계			합계	잔액
43,000	75,000		현　　금	32,000	
30,000	30,000		건　　물		
			은행차입금	20,000	20,000
			자 본 금	50,000	50,000
			수임료수익	5,000	5,000
2,000	2,000		급　　료		
75,000	107,000			107,000	75,000

(2) 수정분개

1) 발생주의 회계의 이해

12 수정전시산표의 작성을 통하여 일상적 절차상에서 이루어진 분개 및 전기가 정확한지 여부에 대한 검증을 실시한다고 하였다. 하지만 수정전시산표의 작성을 통하여 검증한 부분만으로 정보이용자에게 유용한 회계정보를 제공하기에는 한계가 있다. 즉, 일상적 절차상에서 이루어진 분개만으로는 기업의 재무상태와 경영성과를 적절히 나타내기에 어려움이 있다는 뜻이다. 왜 그럴까? 이에 대해 상세한 설명을 하기에 앞서 다음의 예를 살펴보기로 하자.

2005년	1월 1일	현금으로 상품을 1,000만원에 구입
2005년	7월 1일	상품의 절반을 1,000만원에 판매하고 현금을 수령
2005년	12월 31일	100만원의 전기료 고지서를 받음
2006년	1월 31일	전기료를 현금으로 납부함
2006년	6월 1일	나머지 상품을 1,000만원에 판매하고 대금은 12월에 받기로 함
2006년	12월 31일	상품 판매대금 1,000만원을 현금으로 수령함

예에서 1,000만원을 가지고 상품을 구입하여 이를 모두 2년에 걸쳐 판매

한 후 사업을 종결하였다고 하자. 이 사업을 통하여 얼마의 이익을 벌었는가를 알기 위해서는 2년에 걸쳐 판매한 금액에서 물건을 구입하는데 들어간 1,000만원 및 이 사업을 영위하는데 들어간 각종 비용 등을 차감하면 될 것이다. 즉 2년 동안의 손익내용을 다음과 같은 손익계산서 형태로 구해볼 수 있다.

[**그림** 1-13] 2년간의 영업성과를 나타내는 손익계산서

손익계산서
(2005.1.1～2006.12.31)

수 익		20,000,000
비 용	상품대금	10,000,000
	전 기 료	1,000,000
순이익		9,000,000

이처럼 단순한 예에서는 2년만에 사업이 종결되었고, 종결시점에 이익이 얼마인가를 아주 쉽게 산출해 낼 수 있다. 그런데 일반적으로 기업이 이렇게 단기간 내에 청산을 하는 경우는 극히 예외적이다. 오히려 오랜 기간 동안 사업활동을 영위하는 것이 일반적이고 따라서 회계에서도 기업이 지속적으로 사업활동을 영위할 것이라는 가정하에 회계정보를 창출해 내게 되는데 이를 '계속기업의 가정' 이라고 한다.[26] 그런데 이처럼 계속기업의 가정을 적용하게 되면 한 가지 문제점이 뒤따르게 된다. 예제의 경우처럼 사업의 종결시점이 확실하고 또 그 기간이 단기인 경우에는 종결시점에 가서 손익 등의 회계정보를 구해도 그리 문제될 것이 없지만, 사업이 계속된다고 가정하게 되면 어느 시점에 회계정보를 제공하여야 할 것인지가 문제된다. 회계정보를 이용하는 이용자 입장에서 보면 사업이 종결된 후에 얻게 되는 정보뿐만 아니라 사업을 영위하고 있는 동안에도 지속적으로 정보를 제공

26) 기업이 단기간 내에 청산을 할 것으로 가정하게 되면 계속기업을 가정한 회계처리방법과는 다른 방법이 적용되어야 하며, 이때 적용된 회계처리방법은 적절히 공시되어야 한다.

받아야 해당 기업과 관련된 의사결정에 도움이 될 것이다. 따라서 계속기업의 가정을 따르게 되는 경우 주기적인 회계정보의 제공을 위해서는 필연적으로 일정 기간을 나누어 그 시점마다 회계정보를 제공하여야 하는데, 이를 회계에서는 '기간별보고의 가정'이라고 한다. 즉 기업의 존속기간을 일정한 회계기간 단위로 구분하고 각 회계기간에 대한 재무제표를 작성하여 기간별로 재무상태, 경영성과, 현금흐름, 자본변동 등에 대한 정보를 제공하고자 하는 것이다.

결국 현대 회계는 계속기업의 가정, 기간별보고의 가정을 재무제표작성의 기본가정[27]으로 삼고 있는데, 이러한 가정하에 재무제표를 작성하게 된다면 필연적으로 제기되는 문제가 있다. 어떤 경제적 사건의 발생과 이와 관련된 현금의 수수가 각기 다른 회계기간에 이루어지는 경우 과연 두 회계기간 중 어느 회계기간에 수익과 비용의 인식을 하여야 할 것인가 하는 문제이다.

가장 단순한 해결방식은 현금이 수수된 시점에 수익과 비용을 인식하는 방법일 것이다. 이를 회계에서는 '현금주의회계'라고 칭한다.

위의 예에서 기간별보고의 가정에 의해 2005년말과 2006년말의 재무제표를 각각 작성한다고 하자. 2005년 12월 31일에 수령한 전기료 고지서는 결국 2005년도에 사용한 전기료에 대한 고지서일 것이다. 이에 대해 2006년 1월 31일에 현금으로 전기료를 납부하였다면 현금주의에 의하는 경우 2006년도의 비용으로 인식을 하게 된다. 앞서 2년간의 사업전체에 대한 손익계산서를 작성하는 경우에는 이러한 부분이 문제가 되질 않을 것이다. 하지만 기간별보고의 가정이 적용되는 경우에는 어느 기간의 손익으로 인식하는가에 따라 그 해당기간의 손익에 영향을 미치게 되어 의사결정에 영향을 주게

27) 이 두 가지 가정 이외에 기업실체의 가정이라는 것이 있다. 이는 기업을 소유주와는 독립적으로 존재하는 회계단위로 간주하고 이 회계단위의 관점에서 그 경제활동에 대한 재무정보를 측정, 보고하는 것을 말한다. 결론적으로 기업실체의 가정, 계속기업의 가정, 기간별보고의 가정이 재무제표의 기본가정에 해당한다.

된다. 즉 전기료를 2005년 12월31일에 고지서를 받은 즉시 현금으로 납부하는 경우와 2006년 1월31일에 가서 현금으로 납부하는 경우, 2005년도와 2006년도의 손익계산서상의 숫자는 각각 달라지게 될 것이다. 이는 결국 현금주의에 의하게 된다면 단순히 현금의 지급시기 조절을 통해 재무제표상의 숫자를 조절할 수 있다는 이야기가 된다. 이렇게 생산된 회계정보는 의사결정에 결코 유용하지 못할 것이다. 따라서 이러한 문제를 해결하기 위하여 회계가 현금주의회계 대신 채택한 기본원칙이 있으니 그것이 바로 '발생주의회계'라고 하는 것이다. 발생주의 회계의 기본적인 논리는 발생기준에 따라 수익과 비용을 인식하는 것이다. 여기서 발생기준이란 경제적 거래나 사건에 관련된 수익과 비용을 그 현금유출입이 있는 기간이 아니라 당해 거래나 사건이 발생한 기간에 인식하는 것을 말한다. 따라서 발생주의회계를 적용하려면 언제 당해 사건이나 거래가 발생했다고 판단할 것인지에 대한 구체적 기준이 필요하게 된다. 수익의 인식과 관련된 구체적 기준은 소위 '실현주의원칙(realization principle)'이다. 이에 따르면 일반적으로 수익은 상품이나 서비스가 인도 또는 제공된 시점[28]에 실현된다고 보게 되고 현금의 수수 여부는 고려하지 않는다. 반면, 비용인식의 구체적 기준은 소위 '대응원칙(matching principle)'이다. 이는 수익을 창출하기 위하여 지출된 비용은 현금의 지출여부와 관계없이 그 수익이 인식되는 기간에 같이 인식된다는 것이다.

발생주의회계는 발생(accrual)과 이연(deferral)의 개념을 포함한다. 발생과 이연은 동전의 앞 뒷면과 같은 개념이라고 할 수 있다. 발생이란 어떤 경제적 사건을 그와 관련된 현금의 수수가 이후 기간에 이루어지더라도 당해 기간에 인식하여야 한다는 개념이다. 즉 미수수익과 같이 미래에 수취할 금액에 대한 자산을 관련된 부채나 수익과 함께 인식하거나, 또는 미지급비용

28) 인도 또는 제공시점 이외에 특수한 경우에는 다른 시점이 수익인식기준으로 채택되는 경우가 있다. 가령 특별주문품의 경우 해당 제품의 완성시점에 수익을 인식한다.

과 같이 미래에 지급할 금액에 대한 부채를 관련된 자산이나 비용과 함께 인식하는 회계과정을 의미한다. 발생주의회계에 의하면, 재화 및 용역을 신용으로 판매하거나 구매할 때 자산과 부채를 인식하게 되고, 현금이 지급되지 않은 이자 또는 급여 등에 대해 부채와 비용을 인식하게 된다. 이연이란 반대로 현금의 수수가 이루어졌더라도 당해 기간에 인식을 하지 않아야 된다는 개념이다. 즉 선수수익과 같이 미래에 수익을 인식하기 위해 현재의 현금유입액을 부채로 인식하거나, 선급비용과 같이 미래에 비용을 인식하기 위해 현재의 현금유출액을 자산으로 인식하는 회계과정을 의미한다. 전자의 경우 수익의 인식은 관련 부채에 내재된 의무의 일부 또는 전부가 이행될 때까지 연기된다. 또한 후자의 경우 비용의 인식은 관련 자산에 내재된 미래 경제적 효익의 일부 또는 전부가 사용될 때까지 연기된다. 이연에는 수익과 비용의 기간별 배분이 수반된다. 기간별 배분은 상각이라고도 하며, 이는 매 기간에 일정한 방식에 따라 금액을 감소시켜가는 회계과정을 말한다. 상각의 전형적인 예로는 감가상각 또는 감모상각에 의한 비용을 인식하는 것과 선수수익을 수익으로 인식하는 것을 들 수 있다.

발생주의회계에서는 현금 유・출입이 수반되지 않는 자산과 부채 항목이 인식될 수 있다. 그러므로 발생주의회계와 현금주의회계의 주된 차이는 수익과 비용을 인식하는 시점이 다르다는 데 있다. 기업실체가 재화 및 용역을 생산하기 위해 설비 등에 투자하는 기간과 생산된 재화 및 용역을 판매하여 수익으로 회수하는 기간은 일반적으로 일치하지 않는 경우가 많다. 설비투자에 현금이 지출되는 시점에서부터 판매된 제품의 대가가 현금으로 회수될 때까지는 상당한 기간이 소요될 수 있다. 그러므로 일년 정도의 짧은 기간에 대해 현금유입과 현금유출만을 단순 대비하는 것은 기업실체의 재무적 성과를 적절히 나타내지 못할 수 있다. 그러나 발생주의회계에서는 회계기간별로 기업실체의 경영성과를 적절히 측정하기 위하여 발생과 이연의 절차를 통해 수익과 비용을 기간별로 관련시키고 동시에 자산과 부채의 증감도 함께 인식함으로써 보다 유용한 회계정보를 제공하게 되는 것이다.

2) 수정분개의 유형

13 앞서 재무제표의 가정들로 인해 발생주의 회계가 도입되었음을 살펴보았다. 발생주의회계를 채택하게 되면 일상적 절차상에서의 분개 이외에 발생주의 개념에 적합하도록 주기적 절차상에서 추가적 분개가 이루어져야 할 필요가 생긴다. 회계의 순환과정상에서 보자면 이는 주기적 절차상의 '수정분개'에 해당한다. 발생주의 개념에 근거하여 수정분개 유형을 분류하면 크게 세가지 범주로 나눠어진다.

첫째, 비례적 분배가 필요한 경우이다.[29] 두 회계기간 이상에 걸쳐 효익이 발생하는 비용을 지출한 경우와, 대금을 수령했지만 두 회계기간 이상에 걸쳐 서비스를 제공해야 하는 경우 등이 이에 해당한다. 가령 보험료 6개월치 60,000을 선급하였는데, 재무제표를 작성하는 시점에 3개월이 경과되었다고 한다면 총 지급액 중 절반은 보험료라는 비용으로 계상되고 절반은 선급보험료라는 자산으로 계상되도록 수정분개를 해 주어야 한다. 구체적으로 어떤 수정분개가 이루어져야 하는가는 일상적 절차상의 보험료 지급시점에 자산으로 계상했는지(자산계상법) 아니면 비용으로 계상했는지(비용계상법)에 따라 달라진다.[30] 이와 관련하여 자산계상법과 비용계상법 두 가지를 비교해 보기로 한다.

어느 방법을 사용하든 재무제표 작성시점에 선급보험료계정 잔액과 보험료계정 잔액 모두 30,000으로 동일한 결과를 가져온다.

한편, 장래에 서비스를 제공하기로 하고 대금을 미리 수령한 경우에는 대금을 수령한 시점에 이를 부채로 계상하였는지(부채계상법) 아니면 수익으로 계상하였는지(수익계상법)에 따라 수정분개가 달라지게 된다. 가령 법

---

29) 이를 '이연항목'이라고 표현하기도 한다.
30) 선급보험료는 자산이고 보험료는 비용임에 유의하여야 한다.

〈표 1-3〉 자산계상법과 비용계상법의 비교

	자산계상법	비용계상법
보험료 납부시점 (일상적 절차)	(차) 선급보험료 60,000 (대) 현 금 60,000	(차) 보 험 료 60,000 (대) 현 금 60,000
수정분개 (주기적 절차)	(차) 보 험 료 30,000 (대) 선급보험료 30,000	(차) 선급보험료 30,000 (대) 보험료 30,000

률서비스를 6개월간 제공하기로 하고 이에 대한 대금 60,000을 전액 수령한 후 재무제표 작성 시점에 3개월이 경과되었다면 양 방법에 의한 수정분개는 다음과 같다.

〈표 1-4〉 부채계상법과 수익계상법의 비교

	부채계상법	수익계상법
대금 수령시점 (일상적 절차)	(차) 현 금 60,000 (대) 선수수익 60,000	(차) 현 금 60,000 (대) 용역수입 60,000
수정분개 (주기적 절차)	(차) 선수수익 30,000 (대) 용역수입 30,000	(차) 용역수입 30,000 (대) 선수수익 30,000

어느 방법을 사용하든 재무제표 작성시점에 선수수익계정 잔액과 용역수입계정 잔액 모두 30,000으로 동일한 결과를 가져온다. 따라서 자산-부채계상법과 수익-비용계상법 중 어느 방법을 선택하는가는 해당 기업의 회계정책에 속한다고 할 수 있을 것이다. 이론적으로는 자산-부채계상법이 더 타당하나, 실무적으로는 편의상 이유로 수익-비용계상법이 선호되고 있다.

두번째 범주는 일상적 절차상에서 기록되지 않은 수익(미수수익)과 비용(미지급비용)에 대해 수정분개를 하는 경우이다.[31] 이는 사실 일상적 절차상에서 처리를 할 수도 있으나 실무적 편의상 혹은 구체적 청구서의 미수령 등의 이유로 주기적 절차상에서 일괄적으로 처리하게 된다.

31) 이를 '발생항목'으로 분류하는 경우도 있다.

먼저 미지급비용은 수익을 얻기 위하여 이미 사용되었으나 일상적 절차상에서 회계처리가 이루어지지 않은 비용을 말한다. 대표적인 항목들로는 종업원에 대한 급여, 차입금에 대한 이자, 전기료 등 각종 공과금 등이 있다. 가령 매달 25일에 백만원의 급여를 지급하는 경우 12월 31일자로 재무제표를 작성한다면 26일에서 31일까지의 급여부분에 대해서는 그 다음해 1월 25일에 일괄지급된다. 따라서 26일에서 31일까지의 노동력에 대해서는 아래와 같은 수정분개를 하게 되는 것이다.

(차) 급 여 *193,549*[32)] (대) 미지급비용 *193,549*

미수수익은 수익의 인식요건은 충족되었으나 이에 대한 분개가 일상적 절차상에서 이루어지지 않아 주기적 절차상에서 수정분개를 통하여 이를 인식하는 것을 말한다. 대표적인 항목들로는 이미 서비스를 제공하였으나 재무제표 작성일 현재 이에 대한 대가를 지급받지 못했고, 동시에 수익으로도 계상되어 있지 않은 경우, 은행예금에 대한 발생이자 중 일상적 절차상에서 분개가 이루어지지 않은 경우, 건물임대는 계속되고 있으나 각 달의 임대료 수입이 이루어지는 날 사이에 재무제표를 작성하게 되는 경우 등이 있다. 가령 매달 20일에 건물임대료 백만원을 수령하는데 12월 31일에 재무제표를 작성하게 된다면 12월 21일에서 31일까지의 임대료 수익은 일상적 절차상에서 분개가 이루어져 있지 않을 것이므로 다음과 같은 수정분개를 주기적 절차상에서 행하게 된다.

(차) 미수수익 *354,839*[33)] (대) 임대료수익 *354,839*

---

32) 1,000,000 × (6/31) = 193,549
33) 1,000,000 × (11/31) = 354,839

세번째 범주는 대차대조표일 현재 일상적 절차상의 분개만을 반영한 수정전시산표상의 자산 금액이 적절치 못하여 이를 수정하는 경우이다.[34] 가령 외상매출금계정에 대해 대손상각분개[35]를 하는 경우, 건물 등의 유형자산에 대해 감가상각분개[36]를 하는 경우, 유가증권 등에 대해 재무제표 작성일 현재의 시장가격을 반영하는 분개를 하는 경우 등이 이 범주에 속하는 대표적인 예이다. 이 부분에 대해서는 제2장 재무제표요소에 대한 이해 부분에서 보다 상세히 살펴보기로 한다.

이러한 세 가지 범주 이외에 추가적으로 필요한 수정분개가 있다. 다름 아닌 일상적절차상에서 오류를 범하거나 분개를 누락한 경우에 대해 주기적절차상에서 이를 바로잡는 수정분개를 하는 경우이다. 이러한 유형은 발생주의원칙에서 파생된 것이 아니라 오류가 발생한 부분에 대해 당연히 수정을 하는 것이므로 앞의 세 가지 범주와는 구분되는 성격이라 할 수 있다.

(3) 수정후시산표의 작성

14 수정분개에 대해서도 이를 해당계정에 반영하여야 정확한 계정잔액을 구할 수 있으므로 총계정원장상의 해당계정으로 전기하는 절차가 필요하다. 이러한 수정분개 및 전기가 제대로 이루어 졌는지를 재무제표 작성에 앞서 검증할 필요가 있는데, 이를 위해 다시 한번 시산표를 작성하게 된다. 이를 수정분개를 반영한 후에 만든다는 의미에서 수정후시산표라 한다.

(4) 재무제표의 작성

15 수정후시산표를 작성한 후 이를 이용하여 대차대조표와 손익계산서를

34) 이를 '추정항목'으로 분류하는 경우도 있다.

35) 이에 대해서는 해당부분에서 상세히 다룰 것이다. 다만 외상매출금등의 채권이 회수불능이 되는 것을 대손이라 하고 이러한 대손발생 예상액을 산출하여 이를 수익을 계상한 기간의 비용으로 계상하는 것이 대손상각비이며, 이와 같은 대손상각비의 인식분개가 대손상각분개라는 것만 이해하기로 한다.

36) 감가상각에 대해서도 유형자산 부분에서 상세히 다루기로 한다.

만들 수 있다.[37] 단, 시산표에는 총계정원장상의 모든 계정들이 나타나게 되므로 이를 대차대조표계정[38]과 손익계산서계정[39]으로 구분하여야 한다.

4. 결산분개 및 마감절차

(1) 손익계산서계정

16 재무제표는 기업이 필요로 하는 시점에 언제든지 만들어볼 수 있다. 극단적으로는 매일매일의 재무제표를 작성하는 것도 가능하다. 하지만 재무제표 작성에 들어가는 시간과 비용 등을 고려하여 대부분의 기업들은 분기별로 재무제표를 작성하게 된다. 기업들 중 일정조건[40]에 해당되는 기업들은 '주식회사의외부감사에관한법률(이하에서는 '외감법'이라고 함)'에 의하여 회계법인으로부터 외부감사를 받은 재무제표를 공시하도록 되어 있다. 이때 외부감사 대상이 되는 재무제표는 한 회계연도를 기준으로 하여 작성된 재무제표이다. 그런데 기업들의 회계연도가 모두 동일한 것은 아니다. 어떤 기업들은 1월 1일~12월 31일을 한 회계연도로 하는 반면, 어떤 기업들은 4월 1일~3월 31일을 회계연도로 하기도 한다. 또 반드시 1년 단위로 회계연도를 정하여야 하는 것도 아니다. 하지만 대부분의 기업들이 1월 1일~12월 31일을 한 회계연도로 정하고 있기에 이하에서는 이를 전제로 설명을 하기로 한다. 한 회계연도의 마지막 날을 기준으로 재무제표를 작성하는 것과 회계연도 중간에 재무제표를 작성하는 과정은 동일하다. 다만 이 양자간의 중요한 차이가 나는 것은 회계연도 중간에 재무제표를 만드는 것과 달리 회계연도 마지막 날에 재무제표를 작성한 후에는 당해 회계연도의 장부를 마감하는 절차가 반드시 필요하다는 점이다. 여기서 장부를 마감한다는 의미

---

37) 실무적으로는 수정전시산표, 수정분개, 수정후시산표, 손익계산서, 대차대조표를 하나의 표로 정리하여 만드는 작업을 하는 경우가 많은데 이러한 표를 정산표라 부른다. 그러나 정산표는 공식적인 장부는 아니고 재무제표 작성을 위한 하나의 연습 표에 지나지 않는다.

38) 자산, 부채, 자본 계정을 대차대조표계정이라고 한다.

39) 수익, 비용 계정을 손익계산서계정이라고 한다.

40) 총자산 70억원 이상인 기업이 이에 해당한다.

는 회계연도별로 장부를 구분짓는 절차를 말한다. 그렇다면 왜 회계연도별로 장부의 구분이 필요한가? 여러 가지 이유가 있겠지만 궁극적으로는 손익계산서를 통하여 산정되는 당기순이익이 각 회계연도별로 구해져야 하기 때문이다. 즉 기업의 경영성과를 나타내는 손익계산서는 한 회계연도에 발생한 수익과 비용을 이용하여 작성되는 것이고, 이전 회계연도나 이후 회계연도의 수익과 비용이 포함되어질 수 없다. 그렇다면 손익계산서계정인 수익계정과 비용계정은 회계연도 시작일[41]에 잔액이 제로인 상태에서 시작을 하여야 할 것이고, 이를 위해서는 이전 회계연도 마지막날[42]에 수익계정과 비용계정은 잔액이 제로인 상태로 마감되어야 한다. 이때 수익계정과 비용계정의 잔액을 제로로 만드는 마감절차는 어떻게 이루어지는가? 바로 '집합손익(profit & loss account)'이라는 임시계정[43]을 이용하게 된다. 집합손익계정은 대차대조표계정도 아니고 손익계산서계정도 아닌 마감절차상에서 나타나게 되는 일종의 특수계정이라고 할 수 있다. 먼저 수익계정의 경우 기말잔액[44]이 대변잔액으로 나타날 것이므로[45], 잔액을 제로로 마감하기 위해서는 차변에 기말잔액과 동일한 금액이 기록되어야 할 것이다. 하나의 분개는 반드시 대차평균의 원리가 적용되어야 하므로 수익계정 차변에 기말잔액과 동일한 금액을 기록하게 되면 이와 동일한 금액이 어떤 계정의 대변에 기록되어야 하는데, 이때 이용되는 계정이 바로 집합손익계정이다. 즉 수익계정의 마감을 위하여 다음과 같은 분개가 이루어지게 되는 것이다.

(차) 수익계정 *100*[46]　　　　　　　(대) 집합손익 *100*

41) 보통 이를 '기초'라고 표현한다.

42) 보통 이를 '기말'이라고 표현한다.

43) 임시계정이란 영구계정의 반대개념으로 한 회계연도말에 잔액이 제로가 되어 없어지는 계정을 말한다.

44) 회계연도 마지막 날의 계정잔액을 '기말잔액'이라 표현한다.

45) 수익계정의 경우 증가액을 대변에 기록하므로 대변합계액이 차변합계액보다 큰 대변잔액이 발생할 것이다.

46) 수익계정의 잔액이 100이라고 가정한다.

이렇게 되면 수익계정의 차변합계와 대변합계는 같아질 것이고 따라서 잔액이 제로로 되어 마감되게 된다. 이렇게 되면 수익계정의 기말잔액이 결과적으로 집합손익계정의 대변으로 옮겨간 결과를 가져오는데, 이를 회계에서는 '이체'라고 표현한다. 이러한 이체를 통하여 수익계정은 다음 회계연도 시작일, 즉 기초에 잔액이 제로인 상태로 새로운 회계연도를 시작하게 된다.

한편 비용계정의 경우에는 기말잔액이 차변잔액으로 나타날 것이므로,[47] 계정을 마감하기 위해서는 대변에 기말잔액과 동일한 금액을 기록하고 동시에 집합손익의 차변에 동일금액을 기록하게 된다. 즉 다음과 같은 분개가 이루어진다.

(차) 집합손익 70　　　　　　　　(대) 비용계정 70[48]

수익계정과 마찬가지 논리로 비용계정도 이와 같은 분개를 통하여 잔액이 제로로 마감되게 되고, 비용계정의 기말잔액이 집합손익으로 이체된 결과를 가져온다. 따라서 비용계정도 다음 회계연도 기초에 잔액이 제로인 상태로 새로운 회계연도를 시작하게 될 것이다. 이와 같은 수익계정과 비용계정의 마감절차를 그림으로 나타내보면 다음과 같다.

이제 수익계정과 비용계정을 마감하였다. 그런데 이를 위해 집합손익계정을 이용하였는데, 이는 회계기간 중에는 없던 계정이었다가 결산마감 절차를 진행하는 중에 만든 계정으로 수익, 비용계정과 마찬가지로 임시계정이라 하였다. 임시계정이므로 당연히 집합손익계정도 잔액이 제로로 마감되어야 하는 계정이다. 그런데 수익, 비용계정을 마감한 위의 절차까지 진행하고 나면 집합손익계정은 잔액이 제로가 아닌 채로 남아있게 된다.[49] 따라서

47) 비용계정의 경우 발생액이 차변에 기록되므로 차변합계액과 대변합계액의 차이인 잔액은 차변에 나타나게 될 것이다.

48) 비용계정의 잔액이 70이라고 가정한다.

49) 물론 수익과 비용의 합계액이 같다면 잔액이 제로가 될 것이다. 이 뜻은 당기순이익이 제

[**그림** 1-14] 수익계정과 비용계정의 마감절차

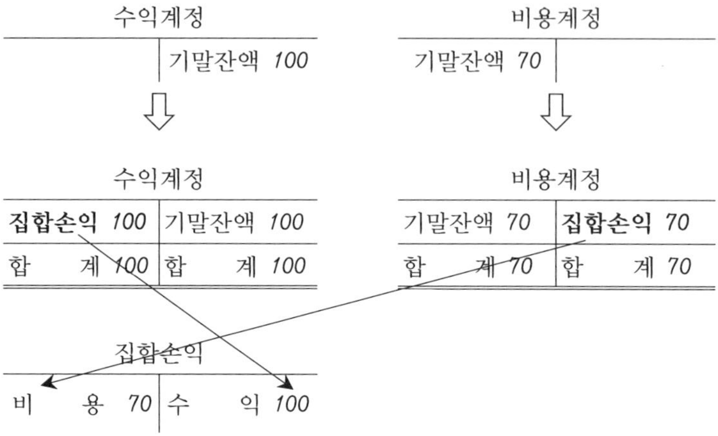

집합손익계정을 마감하는 절차를 추가로 수행해야 한다. 그런데 여기서 집합손익계정의 내역을 곰곰히 생각해 볼 필요가 있다. 회사의 모든 수익계정들의 기말잔액을 집합손익계정으로 이체했고, 동시에 모든 비용계정들의 기말잔액을 집합손익계정으로 이체했으므로 집합손익계정은 결국 손익계산서 항목들을 모두 포함하고 있는 것과 다를 바가 없다. 이 말은 집합손익계정의 차변합계액(비용의 합계액)과 대변합계액(수익의 합계액)의 차이인 잔액이 기업의 당기순손익을 의미한다는 것과 동일한 의미이다. 만약 잔액이 대변잔액으로 나타난다면 이는 대변합계액이 차변합계액보다 더 크다는 뜻이므로 당기순이익이 발생한 경우가 되고, 반대의 경우에는 당기순손실이 발생한 경우가 된다. 당기순손익은 궁극적으로 어느 곳으로 옮겨지게 되는가? 당기순손익은 자본 항목 중 손익거래의 결과물이므로 원래 있었어야 될 자리인 자본항목으로 옮겨져야 하고, 이는 구체적으로 이익잉여금계정에 이체된다. 따라서 다음과 같은 분개를 통하여 집합손익계정은 마감되게 된다.

로라는 의미와 같다.

<u>대변잔액인 경우</u>[50)]

(차) 집합손익 30　　　　　　　　(대) 이익잉여금 30

[**그림** 1-15] 집합손익계정의 마감

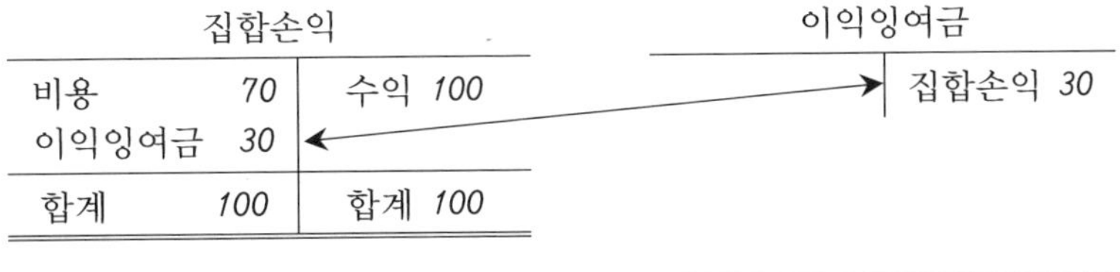

결국 앞서 대차대조표와 손익계산서의 연관관계에서 살펴본 바와 같이 궁극적으로 손익계산서상의 마지막 줄에 나타난 당기순손익이 대차대조표의 자본항목으로 귀속되게 되는 논리가 결산마감절차에서도 동일하게 적용되고 있음을 확인할 수 있다.

(2) **대차대조표계정**

17 한 회계연도 기간에 발생한 내역들만을 반영하여 작성하는 손익계산서와 달리 대차대조표는 기업이 설립된 이후부터 당해 회계연도 기말시점까지 누적된 내역을 나타낸다. 이러한 차이로 인해 손익계산서계정들과 달리 대차대조표계정들은 직전 회계연도 기말시점의 잔액이 당해 연도 기초시점으로 그대로 넘어와서 당기의 증감내역을 반영한 후 기말잔액이 구해지게 된다. 이러한 의미에서 손익계산서계정은 임시계정이라 하고, 대차대조표계정은 영구계정이라 칭하기도 한다.

---

50) 만약 수익계정의 잔액이 70이었고 비용계정의 잔액이 100이었다면 이를 집합손익계정으로 이체 후 집합손익계정의 잔액은 차변잔액 30이 될 것이므로 집합손익계정을 마감하기 위해서는 다음과 같은 분개를 하게 될 것이다.

<u>차변잔액인 경우</u>

(차) 이익잉여금 30　　(대) 집합손익 30

대차대조표계정의 결산마감절차는 다음과 같다. 먼저 임시계정인 손익계산서계정이 결산분개 및 마감을 위하여 집합손익계정을 이용하였던 것과 달리 영구계정인 대차대조표계정은 기말잔액을 다음 회계연도로 그대로 넘기게 되므로 집합손익계정과 같은 별도의 계정을 이용하지 않고 직접 해당계정에서 다음 회계연도 기초금액으로 넘기는 절차를 취하게 된다. 이를 '차기이월'이라고 표현한다. 반면, 다음 회계연도 기초시점에서 볼 때에는 전기의 기말잔액을 그대로 승계한 것이므로 '전기이월'이라고 표현한다. 이를 그림으로 나타내보면 다음과 같다.

[**그림** 1-16] 대차대조표의 마감절차

자산계정(제1기)

당기증가액	*100*	당기감소액	*50*
		차기이월	50
합계액	*100*	합계액	*100*

자산계정(제2기)

전기이월	50	당기감소액	*70*
당기증가액	*150*	차기이월	*130*
합계액	*200*	합계액	*200*

부채, 자본계정(제1기)

당기감소액	*50*	당기증가액	*100*
차기이월	*50*		
합계액	*100*	합계액	*100*

부채, 자본계정(제2기)

당기감소액	*70*	전기이월	50
차기이월	*130*	당기증가액	*150*
합계액	*200*	합계액	*200*

결국 대차대조표계정은 매 회계연도 기말시점의 잔액이 차기로 이월되게 되므로 기초잔액을 제로로 시작하는 손익계산서계정과는 큰 차이를 보이게 됨을 반드시 이해하여야 한다.

02 재무제표의 요소에 대한 이해

Accounting for Lawyer

제 1 절 자산의 이해

제 2 절 부채의 이해

제 3 절 자본의 이해

제 1 절 자산의 이해

18 자산이란 과거 거래나 사건의 결과로서 현재 기업실체에 의해 지배되고 미래에 경제적 효익을 창출할 것으로 기대되는 자원으로 정의된다.[1] 이를 세분하여 각각 살펴보면 다음과 같다.

먼저 자산은 구매나 생산활동 등 과거 거래나 사건의 결과로부터 발생한 것이어야 하고 미래에 발생할 것으로 예상되는 거래나 사건만으로는 자산이 취득될 수 없다. 가령 상품을 미래에 구입하기로 예정하였다고 해서 이 자체만으로 자산을 취득한 것으로 볼 수는 없다는 것이다.

두번째로 자산은 현재 기업실체에 의해 지배되고 있어야 한다. 일반적으로 채권과 부동산 등 많은 자산들이 소유권과 같은 법적 권리들과 결부되어 있으나, 회계학적으로는 반드시 법적 권리가 있어야만 해당 자산을 기업실체가 지배하고 있다고 보는 것은 아니다. 경우에 따라서는 법적 권리가 없더라도 자산이 갖는 경제적 효익을 배타적으로 활용하여 기업의 미래 현금흐름 창출에 기여할 수 있다면 자산으로 인식될 수 있다. 가령 기업실체가 개발활동으로 획득한 신기술을 보유하면서 그 신기술로부터 예상되는 경제적 효익을 지배할 때에는 이러한 신기술 사업권은 자산의 정의에 부합될 수 있다는 것이다.

마지막으로 자산은 미래에 경제적 효익을 창출할 것으로 기대되는 것이다. 여기서 자산에 내재된 미래의 경제적 효익이란 직접 또는 간접적으로 기업실체의 미래 현금흐름 창출에 기여하는 잠재력을 말한다. 일반적으로 자산은 고객의 요구를 충족시킬 수 있는 재화 및 용역의 생산에 이용되고,

1) 재무회계개념체계 문단90을 참조하기 바란다.

생산된 재화 및 용역에 대하여 고객은 그 대가를 지급할 것이므로 기업실체의 현금흐름 창출에 기여하게 된다. 만약 어떤 거래로 인한 지출이 발생하였을 때 그에 관련된 미래 경제적 효익의 유입가능성이 낮은 경우에는 자산으로 인식될 수 없고 비용으로 계상되어야 한다.

이러한 자산의 정의를 충족하게 되면 물리적 형태의 유무나 현금유출 여부는 중요하지 않다. 예를 들어 물리적 형태가 없는 자원이라도 특정 실체에 의하여 지배되고 그 실체에게 미래의 경제적 효익을 창출할 것으로 기대되는 경우 당해 항목은 자산의 정의를 충족할 수 있다. 또한 증여받은 재화는 이에 관한 지출이 발생하지 않았지만 자산의 정의를 충족시킬 수 있다.

자산의 정의를 충족하더라도 이것이 재무제표에 자산으로 인식되기 위해서는 신뢰성 있는 금액으로 측정이 가능하여야 한다. 여기서 금액이 신뢰성 있게 측정가능하다는 의미는 화폐단위로 계량화될 수 있어야 함과 동시에 이를 공정하게 측정할 수 있어야 함을 의미한다. 어떤 항목이 신뢰성 있게 측정되기 위해서는 그 금액이 반드시 확정되어 있어야 함을 의미하지는 않으며, 추정에 의한 측정치도 합리적인 근거가 있을 경우에는 가능하다.

자산은 1년을 기준으로 유동자산과 비유동자산으로 분류된다.[2] 다만, 정상영업주기[3] 내에 판매 혹은 사용되는 재고자산과 회수되는 매출채권 등은 대차대조표일로부터 1년 내에 실현되지 않더라도 유동자산으로 분류된다.[4] 대차대조표상에 자산을 표시할 때는 유동성이 높은 자산을 먼저 공시하는데, 이를 회계학상에서는 '유동성배열법'이라고 한다. 따라서 대차대조표상에 자산은 다음과 같이 표시된다.

---

2) 과거 기업회계기준에 의하면 자산은 유동자산과 고정자산으로 크게 분류되었으나, 2006년 4월 19일에 확정된 기업회계기준서 제21호 '재무제표의 작성과 표시I'에서는 유동자산과 비유동자산으로 분류하고 있다.

3) 정상영업주기란 제조업의 경우 제조과정에 투입될 재화와 용역을 취득한 시점부터 제품의 판매로 인한 현금을 회수할 때까지 소요되는 기간을 의미한다.

4) 이는 과거 기업회계기준에는 명시되어 있지 않던 사항이나, 기준서 제21호에서 국제회계기준과의 정합성을 높이기 위해 새로이 규정되었다.

[그림 2-1] 대차대조표상 자산의 표시

대차대조표	
Ⅰ. 유동자산 Ⅱ. 투자자산 Ⅲ. 유형자산 Ⅳ. 무형자산 Ⅴ. 기타비유동자산	

Ⅰ. 유동자산

19 유동자산은 대차대조표일로부터 1년 이내 또는 정상영업순환주기 내에 사용되거나 현금으로 전환되는 자산을 의미한다. 유동성은 자산을 현금으로 전환하는데 걸리는 시간으로 기업의 단기 지급능력을 나타낸다고 할 수 있다. 따라서 기업의 영업활동상 유동성의 확보여부는 매우 중요하다고 할 수 있으며, 회계정보이용자도 기업의 미래 현금창출능력과 관련하여 깊은 관심을 갖게되는 부분이라고 볼 수 있다. 아래에서는 대표적인 유동자산 계정과목들을 살펴보기로 한다.

1. 현금 및 현금성자산

(1) 개 요

20 대차대조표의 자산항목에 가장 먼저 표시되는 것이 바로 현금 및 현금성자산이다. 이는 대차대조표의 표시원칙인 유동성배열법 입장에서 볼 때 현금 및 현금성자산이 가장 유동성이 높기 때문이다.

현금은 그 자체로 구매력을 가지기 때문에 가치가 있고 교환의 매개수단이 된다. 회계상 현금이라 하면 통화만을 의미하는 것이 아니라 통화대용증권과 요구불예금까지도 포함한다. 통화는 지폐 및 주화를 의미하며, 통화대용증권이라 하면 언제든지 통화와 교환할 수 있는 것으로 타인발행당좌수표, 은행발행자기앞수표, 송금수표, 우편환증서, 만기가 된 공·사채 이자표, 배당금지급통지표, 국세환급통지서 등이 이에 해당한다. 회계에서는 여러 유형의 예금 중 보통예금, 당좌예금 등과 같은 요구불예금은 다른 예금과 달리 현금의 일종으로 본다. 이는 기업의 현금관리 및 통제와 관련하여 현금을 지급할 일이 있을 때 되도록이면 통화로 지급하지 말고 당좌수표를 이용하라는 측면과 연관이 있다. 즉 당좌예금을 개설하면 예금의 인출을 당좌수표에 의해서만 하게 되는데, 이것으로 통화를 대용하여 주로 사용하게 되므로 이는 마치 현금과 다를 바가 없다는 측면에서 회계에서는 현금에 포함하는 것이라고 볼 수 있다. 당좌예금과 관련하여 유의할 사항은 당좌예금개설보증금을 어떤 계정으로 분류할 것인가와 당좌차월[5]이 발생하는 경우 이를 어떻게 처리할 것인가이다. 당좌예금개설보증금은 만기가 없는 별단예금에 해당하나 당좌계좌를 유지하는 동안 인출이 불가능하므로 기타비유동자산으로 분류된다.[6] 당좌차월은 결국 은행에서 차입한 금액에 해당하므로 단기차입금으로 분류되게 된다.

한편 현금성자산(cash equivalents)은 회계처리목적상 현금으로 간주되는 것으로, 일정조건을 충족하는 단기금융상품을 말한다.[7] 여기서 일정조건이란 큰 거래비용 없이 현금으로 전환이 용이하고, 이자율변동에 따른 가치변동의 위험이 중요하지 않은 취득 당시 만기가 3개월 이내에 도래하는 단기금융상품[8]을 가리킨다. 주의할 점은 회계상 대부분의 분류기준이 회계기말

---

5) 예금잔액을 초과하여 발행된 수표가 은행에 지급 제시되면 부도수표로 처리된다. 그러나 만약 은행과 계약을 맺어 일정금액 한도 내에서는 마이너스 잔액을 인정받게 되면 예금잔액을 초과하여 수표를 발행할 수 있게 되는데, 이때 마이너스 잔액을 당좌차월(bank overdraft)이라고 한다.

6) 과거 기업회계기준에 의하면 장기금융상품으로 분류되어 투자자산에 속하였으나, 기준서 제21호에서 임차보증금 등 투자자산, 유형자산, 무형자산에 속하지 않는 비유동자산을 기타 비유동자산으로 별도 분리하여 공시토록 하고 있으므로 당좌예금개설보증금은 기타비유동자산으로 분류된다.

7) 과거 기업회계기준에서는 '현금등가물'로 표시되었다.

8) 단기금융상품이란 금융기관이 취급하는 정형화된 금융상품으로서 단기적 자금운용 목적으

시점을 기준으로 함에 비하여 현금성자산으로 분류되는 기준은 취득 당시를 기준으로 한다는 것이다. 따라서 회계기말시점에 만기가 3개월 이내에 도래하는 단기금융상품이라도 취득 당시 만기가 3개월 이내가 아니었던 경우에는 현금성자산으로 분류되지 않는다는 점을 기억하여야 한다.

기업회계기준서 제21호 '재무제표의 작성과 표시I'에 따르면 현금으로 분류되는 것과 현금성자산으로 분류되는 것을 합하여 현금 및 현금성자산으로 대차대조표에 공시하도록 하고 있다.

현금과 관련하여 고려하여야 할 사항은 사용이 제한된 현금이나 예금을 어떻게 처리할 것인가 이다. 사용이 제한되는 경우 중 대표적인 것으로 기업이 금융기관에게서 차입을 할 때 금융기관들의 요구로 대출금액의 일정비율을 예금으로 가입하는 경우를 들 수 있다. 이런 예금을 소위 양건 예금 또는 꺽기 예금이라고 한다. 이 경우 이를 현금 또는 예금으로 분류하여 공시하게 되면 회계정보이용자들에게 회사의 유동성에 대하여 잘못된 정보를 전달할 수 있다. 따라서 이런 경우 사용이 제한되어 있다는 점을 고려하여 단기차입금에 대한 양건 예금은 단기금융상품, 장기차입금에 대한 양건 예금은 투자자산으로 분류하여 공시하는 것이 적절할 것이다. 사용이 제한되는 경우의 또 다른 예는 기업이 특수한 용도를 위하여 별도로 설정하여 놓았거나 사용을 제한한 경우이다. 가령 감채기금[9]이나 현금배당준비금 등이 이에 해당한다. 이 경우도 사용이 제한된 예금이 단기금융상품에 해당하는지 장기금융상품에 해당하는지 살펴 적절히 공시하면 될 것이다.

(2) 현금관리제도

21 현금은 그 특성상 종업원 등에 의하여 부당하게 개인적 목적으로 전용

로 소유하거나 기한이 1년 이내에 도래하는 것을 말한다. 정기예금, 수익증권, 양도성예금증서 등이 이에 해당한다.

9) 사채의 만기시에 필요한 사채상환자금을 적립하기 위하여 별도로 설정하여 놓은 기금을 말한다.

되거나 횡령이 발생할 위험이 매우 높은 자산이다. 따라서 각 기업은 이를 통제하기 위한 시스템을 구축하게 된다. 그 예로는 현금의 수취 및 지급과 장부기록 업무의 분리, 현금의 상태로 보유하는 시간을 최소화하기 위하여 수취현금의 경우 즉시 예입, 현금의 형태로 지급을 최소화하고 대신 수표나 신용카드의 사용을 유도, 소액현금제도의 도입, 정기적인 은행계정조정표의 작성 등을 들 수 있다.

여기서 소액현금제도(petty cash system)란 기업이 내부통제의 목적상 수취된 현금은 즉시 예입하고 지출은 현금 대신 수표의 이용을 강제하는 경우 택시비나 문구류의 구입 등과 같은 소액의 현금지급에는 어려움이 생기게 되므로 이를 해결하기 위해 채택하는 제도이다. 즉 일정현금을 회사 내에 유보한 후 일상적 업무상에 발생하는 소액의 현금지출에 대해서는 승인절차를 거치지 않고 지출이 가능하게 한 뒤 일정기간 후에 지출된 내역을 영수증 등을 통하여 확인한 후 분개를 통하여 장부에 반영하고 소진된 금액만큼을 보충하는 것이다.

한편, 은행계정조정표(statement of bank reconciliation)라고 하는 것은 기업이 당좌예금과 관련하여 장부상의 잔액과 은행에서 발급한 예금잔액증명서상의 잔액이 일치하는지를 현금의 내부통제 차원에서 주기적으로 확인하고 만약 차이가 있을 경우에는 그 내역을 밝히기 위해 작성하게 되는 양식이다. 회사 장부상 잔액과 은행측 잔액이 일치하지 않게 되는 원인으로는 예입이나 인출금액의 기록시점의 차이에 의하여 일시적으로 발생하는 경우[10]가 대부분이나 간혹 회사나 은행측의 오류에 의하여 차이가 발생하기도 한다. 이러한 일시적 차이 또는 오류를 수정하게 되면 회사측 잔액과 은행측 잔액은 일치하여야 한다. 물론 이때 회사는 회사측 수정사항을 장부에

10) 가령 회사는 12월26일에 당좌수표를 발행하고 당좌예금 계정에서 차감하였으나 수령자가 이를 바로 찾지 않고 그 다음해 1월5일에 인출해갔다면 은행계정조정표를 만드는 기준시점인 12월31일에는 회사측 장부잔액과 은행측 잔액이 달라지게 되는 것이다.

[그림 2-2] 현금검증표 양식[11)]

	전월말잔액	당월중		당월말잔액
		입금	출금	
회사측장부:	100,000	2,010,000	1,900,000	210,000
수정사항	5,000	(5,000)	1,000	(1,000)
수정후 금액	105,000	2,005,000	1,901,000	209,000
은행측장부:	125,000	2,015,000	1,911,000	229,000
수정사항	(20,000)	(10,000)	(10,000)	(20,000)
수정후 금액	105,000	2,005,000	1,901,000	209,000

반영하여야 한다. 그런데 만약 양 잔액이 여전히 차이를 보인다면 이는 문제가 있음을 나타낸다. 즉 회사측 장부잔액이 은행잔액증명서상의 잔액과 수정 후에도 차이가 난다면[12)] 이는 결국 회사 내의 횡령이 발생했음을 의미한다고 볼 수 있다. 그런데 횡령이라고 하는 것은 회사 내 공금의 유용이 이루어지다가 결국 최종적으로 나타나는 결과물인 것이 일반적이다. 회사 내 직원이 은행계정조정표의 작성이 이루어진 직후에 일정금액을 빼내 유용하다가 다음 번 은행계정조정표를 만들기 직전에 유용금액을 채워 넣는다면 은행계정조정표를 만들어도 이러한 부정사실을 알아낼 방법이 없다. 따라서 이러한 유용이 이루어지다가 끝내 유용금액을 채워넣지 못하는 사태가 발생하고 나서야 횡령사실이 발생했음을 알게 되는 것이다. 이러한 문제를 미연에 방지하기 위해서는 은행계정조정표만 만들것이 아니라 현금검증표(proof of cash)[13)]를 병행하여 만들어 보는 것이 좋다. 이는 두 시점의 은행계정조정표를 놓고 그 사이에 발생된 당좌예금의 입출금을 파악하여 두 시

11) 이 양식에서 사용된 숫자는 이해를 돕기 위하여 임의로 기입한 것이다. 회사와 은행의 수정후 금액이 서로 일치함을 확인하기 바란다.

12) 은행측에서 부정사건이 발생하는 경우는 극히 예외적인 상황이므로 결국 회사측 잔액이 은행잔액증명서상의 잔액보다 작은 경우가 일반적이다.

13) 이를 '4위식 은행계정조정표'라고 부르기도 한다.

점의 은행계정조정표 사이 기간에 자금의 유용이 일어났는지 여부를 확인하는 표이다. 이 표는 회계감사인이 감사시에 자주 이용하는 표이기도 하다. 참고로 현금검증표의 양식은 [그림 2-2]와 같다.

2. 단기금융상품

22 정기예금, 정기적금 등의 금융상품 중에서 단기적 자금운용목적으로 보유하고 있거나 기한이 대차대조표일로부터 1년 이내에 도래하는 금융상품 중 현금성자산에 속하지 않는 것은 단기금융상품으로 분류된다. 이때 질권 등이 설정되어 사용이 제한된 예금일지라도 1년 이내에 만기가 도래하는 예금은 여전히 단기금융상품으로 분류한다. 이는 유동성 기준이 1년 이내에 현금화 되는가가 주된 기준이므로 비록 사용이 제한되어 있다 할지라도 1년 이내에 현금화가 된다면 유동자산으로 분류하는 것이 적절하기 때문이다. 만약 금융상품이 대차대조표일로부터 1년 이후에 만기가 도래하는 경우라면 장기금융상품 계정으로 처리하는데 이는 투자자산에 해당한다.

3. 매출채권 및 비매출채권

23 기업이 재화나 용역을 외상으로 판매 또는 제공하고 그 대가로 미래에 현금을 수취하기로 하는 경우 매출채권(trade receivables)이 발생하게 된다. 매출채권은 크게 받을어음과 외상매출금으로 나뉘게 되는데, 거래 상대방으로부터 어음을 받게 되면 이를 받을어음(notes receivable)계정으로 처리하고, 신용으로만 판매하는 경우에는 외상매출금(accounts receivable)계정으로 처리하게 된다. 외상매출금의 경우 3개월 이내의 단기에 대금을 지급받게 되는 것이 일반적이므로 유동자산으로 분류되고, 받을어음의 경우 대차대조표일 기준으로 만기가 1년 이내에 도래하게 되는 경우 유동자산으로, 1년 이후에 도래하는 경우에는 기타비유동자산으로 분류된다. 받을어음계정과 관련하여 한 가지 주의할 사항은 상거래와 관련하여 어음을 받았어야만 진성

어음이라 하여 받을어음계정으로 분류된다는 점이다. 만약 금전대차거래에서 어음을 받은 경우에는 융통어음으로 분류되어 대여금계정으로 처리하게 되고 어음을 받았다는 내용은 주석으로 기재하게 될 뿐이다.

한편, 단기대여금(short-term loan), 미수금(non-trade accounts receivable) 등과 같이 상거래 이외의 거래에서 발생한 채권을 총칭하여 비매출채권이라 한다. 비매출채권이 대차대조표일로부터 1년 이내에 만기가 도래하는 경우 유동자산으로 분류된다. 비매출채권의 대표적 예로는 각종 단기대여금, 각종 미수금 등이 있다. 단기대여금은 금전소비대차계약에 따른 자금의 대여로 만기가 1년 이내에 도래하는 것을 말한다. 미수금은 상거래 이외의 거래에서 발생한 채권으로 만기가 1년 이내에 도래하는 것을 말한다. 즉 주된 영업활동에서 발생한 채권은 외상매출금 계정으로 분류되는 반면, 고정자산이나 유가증권 등을 처분하고 그 대금을 받지 못해서 발생하는 채권은 미수금 계정으로 처리하게 된다.

한편, 임대료나 이자 등에 대하여 받아야 할 기간이 도래하였음에도 불구하고 아직 받지 못한 경우에는 미수금 계정으로 처리하는 것이 아니라 미수수익 계정으로 처리한다. 즉 미수수익은 수익실현기준을 충족하여 이미 발생한 수익을 계상할 때 상대계정으로 쓰이는 것으로 보면 된다.

(1) 매출채권의 인식

24 매출채권과 관련하여 회계상 이슈가 되는 사항은 매출채권의 인식, 평가, 처분 3가지이다. 먼저 매출채권의 인식과 관련된 회계처리는 어느 시점에 매출채권을 인식할 것인가 하는 시점의 문제와 얼마의 금액을 인식할 것인가 하는 금액의 문제로 나누어 볼 수 있다. 매출채권은 매출이라는 수익창출활동 과정 중에 발생하게 되는 것[14]이므로 매출채권의 인식 시점의 문

---

14) 외상으로 매출이 발생한 경우 (차) 외상매출금 *** (대) 매출 *** 과 같은 분개를 하게 된다.

제는 매출이라는 수익을 언제 인식할 것인가와 동일한 문제가 된다. 일반적으로 매출은 상품의 인도일 또는 용역의 제공 완료일에 인식되므로 매출채권도 동일한 시점에 인식된다고 할 수 있다.

한편 얼마의 금액을 매출채권으로 인식할 것인가와 관련해서는 원칙적으로 총판매금액을 매출채권으로 인식하게 된다. 이때 총판매금액을 수정하게 되는 특이사항으로 매출할인, 매출에누리, 매출환입이 있다. 매출할인(sales discount)이란 매출채권의 회수를 촉진하기 위한 것으로 일정기간 이내에 대금을 지급하는 경우 매출채권의 일정비율을 감액해 주는 것을 말한다.[15] 이때 매출채권 인식시점에 원래의 매출채권 전액을 인식하고 이후 일정기간 이내에 채권이 회수되면 그 시점에 '매출할인'이라는 매출의 차감계정으로 감액부분을 인식하는 방법을 총액법이라 한다. 반면, 판매시 총판매가격에서 매출할인을 차감한 금액으로 매출채권과 매출을 인식하고, 일정기간 즉 할인기간 이내에 대금을 지급하지 않는 경우 그 차액을 '할인기간경과이익'이라는 이자수익으로 인식하는 방법을 순액법이라 한다. 결국 매출할인은 대금의 회수 촉진을 위해 채권자가 채무자에게 제공하는 일종의 이자성격이라고 볼 수 있다. 따라서 총액법의 경우 채무자가 조기에 대금을 지급하지 않을 것이라는 전제하에 분개를 하는 것이라면 순액법은 반대로 조기에 대금을 지급하여 매출할인을 받을 것이라는 전제하에 이루어지는 분개라고 할 수 있다. 기업회계기준에서는 매출할인에 대해 총액법으로 처리토록 하고 있으며, 할인기회를 이용시 발생하게 되는 매출할인은 손익계산서상 '매출'에서 차감하는 방식으로 기재하도록 하고 있다.

'매출에누리(sales allowance)'란 상품에 하자가 있는 경우 추가로 가격을 할인해 주는 것을 말한다. 기업회계기준에 의하면 매출에누리는 매출의 차

15) 가령 2/10, n/30이라는 조건을 제시한 경우 한달 이내에는 전액 상환을 하여야 하나 만약 10일 이내에 대금을 지급하면 2%를 감액해준다는 것을 의미한다. 여기서 n은 net의 약자를 나타내는 것으로 매출채권액을 의미하는 것이다.

감계정으로 본다.

'매출환입(sales return)'이란 판매된 상품이 반품되어 온 경우를 말하며 환입이 발생하는 시점에 매출채권과 상계처리하면 된다. 기업회계기준에 의하면 매출환입 역시 매출의 차감계정으로 본다.

(2) 매출채권의 평가

25 매출채권은 기업이 현금판매 이외에 신용으로 판매를 하는 경우 발생하게 된다. 이때 채무자의 지급능력 여하에 따라 채권의 회수가 불가능한 경우가 발생할 위험이 있는데, 이러한 위험을 감수하면서도 신용으로 판매를 한다는 것은 그만큼 매출의 증대를 가져오기 위한 것이라고 볼 수 있다. 따라서 신용매출로 인해 발생하게 되는 채권의 회수불능 부분은 일종의 매출증대를 위한 비용 성격이라고 규정할 수 있을 것이다. 그런데 매출채권이 발생한 연도 이후에 매출채권을 확정적으로 못 받게 되어 그 시점에 비용으로 인식하게 되면 회계의 기본원칙인 수익 · 비용 대응원칙에 위배되는 결과를 가져오게 될 것이다. 왜냐하면 매출채권과 관련하여 매출이라는 수익을 인식한 연도와 매출채권을 못 받게 됨으로써 발생하는 비용이 각기 다른 연도에 인식되게 되기 때문이다. 따라서 매출채권을 못 받게 된 연도에 비용으로 인식하는 것보다 매출채권이 발생한 연도에 비용으로 인식토록 하는 것이 수익 · 비용 대응 원칙상 바람직하다고 볼 수 있다. 그런데 매출채권의 회수불능은 미래의 일이므로 매출채권이 발생한 연도 말에 앞으로 얼마의 회수불능액이 발생할 것인가는 합리적인 추정을 통하여 산출 할 수 밖에 없다. 이때 합리적인 추정을 통하여 비용으로 인식하는 금액을 '대손상각비(bad debt expenses)'라고 한다. 결국 매출채권을 평가함으로써 대차대조표일 현재 기업의 매출채권이 부실채권만큼 차감된 적정 금액으로 평가되고 동시에 대손상각비라는 비용을 인식함으로써 수익 · 비용 대응원칙이 지켜지는 결과를 가져오게 된다.

대손상각비를 인식하는 시점에 매출채권을 직접 차감하는 방법으로 회계처리를 할 수도 있으나 이 경우 실무적으로 볼 때 앞으로 어느 거래처의 채권을 받지 못하게 될 것인지를 알 수 없으므로 매출채권을 직접 차감하는 대신 매출채권의 차감적평가계정인 대손충당금(allowance for doubtful accounts) 계정을 사용하여 회계처리를 한다.

매출채권 직접 차감시:	(차) 대손상각비 *100* (대) 매출채권 *100*
차감적평가계정 이용시:	(차) 대손상각비 *100* (대) 대손충당금 *100*

부분대차대조표(차감적평가계정사용시)

매출채권	10,000	
대손충당금	(100)	
	9,900	

부분대차대조표(직접차감시)

매출채권	9,900	

(3) 매출채권의 처분

26 매출채권의 경우 만기가 되어야 회수가 가능해진다. 하지만 여러 이유로 인해 매출채권을 만기까지 보유하지 않고 제3자에게 처분하는 경우가 있다. 이와 관련하여 기업회계기준 제14조 제1항에서는 "매출채권 등을 타인에게 양도[16] 또는 할인[17]하는 경우 당해 채권에 대한 권리와 의무가 양도인과 분리되어 실질적으로 이전되는 때에는 동 금액을 매출채권에서 차감하고 그 이외의 경우에는 매출채권 등을 담보제공한 것으로 본다"라고 규정하고 있다. 이 조문에 따르면 매출채권의 처분을 매각거래(sale)와 차입거래(borrowing)로 구분하고 있음을 알 수 있다. 따라서 매출채권의 처분이 어디에 해당하는가를 판단할 구체적인 기준이 필요한데 이와 관련하여서는 해석 52-14(채권등의 양도·할인에 관한 회계처리)[18]가 밝히고 있다. 이에 따르

16) 매출채권 중 외상매출금을 처분하는 경우 '외상매출금의 양도'라고 표현한다.

17) 매출채권 중 받을어음을 처분하는 경우 '받을어음의 할인'이라고 표현한다.

18) 이 해석은 기업이 상거래에서 발생한 매출채권을 타인에게 양도 또는 할인하거나 다른 금융자산을 유동화하여 자금을 조달하는 거래를 포괄한다.

면 다음 요건을 모두 충족하는 경우에는 양도자가 매출채권에 대한 통제권을 이전한 것으로 보아 매각거래로 보고 그 이외의 경우에는 매출채권을 담보로 한 차입거래로 본다.

가. 양도인은 금융자산 양도 후 당해 양도자산에 대한 권리를 행사할 수 없어야 한다. 즉, 양도인이 판산 또는 법정관리 등에 들어갈지라도 양도인 및 양도인의 채권자는 양도한 금융자산에 대한 권리를 행사할 수 없어야 한다.
나. 양수인은 양수한 금융자산을 처분(양도 및 담보제공 등)할 자유로운 권리를 갖고 있어야 한다.
다. 양도인은 금융자산 양도 후에 효율적인 통제권을 행사할 수 없어야 한다.[19]

매출채권을 매각거래로 보게 되면 해당 매출채권을 차감하고 장부가액과 처분가액의 차이를 '매출채권처분차손익'이라는 당기손익으로 인식하게 된다. 가령, 장부가액이 처분가액보다 크면 매출채권처분차손이 발생하게 되는데 이와 관련하여 다음과 같은 분개를 하게 된다.

(차) 현금	9,900	(대) 매출채권	10,000
매출채권처분차손	100		

차입거래의 경우에는 해당 매출채권을 담보제공한 것으로 보고 이 내용을 주석으로 기재하면 되기에 매출채권계정 자체의 감소는 일어나지 않는다. 다만 차입이 실제 이루어진 것이므로 '차입금'이라는 부채가 증가하게 될 것이다.

(차) 현금	9,900	(대) 차입금	10,000
이자비용	100		

19) 효율적인 통제권을 행사한다는 것은 자산양도후 양도인이 계속하여 자산에서 발생하는 경제적 효익을 보유하는 경우를 말한다.

Ⅱ. 재고자산

27 재고자산(inventories)이란 기업의 정상적인 영업활동과정에서 판매를 목적으로 보유하고 있는 자산,[20] 판매를 목적으로 생산과정 중에 있는 자산,[21] 생산 또는 서비스제공과정에 투입되거나 사용될 자산[22]을 말한다. 물품을 외부로부터 매입하여 여기에 일정 이윤을 붙여 재판매하는 경우 해당 물품이 재고자산이 되는데 이를 상품이라 칭하고, 이런 형태로 영업활동을 하는 기업을 상품매매기업(merchandising businesses)이라 한다. 반면 기업이 자체적으로 공장 등에서 만들어 낸 물품을 판매하는 경우 이 물품은 제품이라 칭하고, 이러한 유형의 기업을 제조기업(manufacturing businesses)라 한다. 상품매매기업에서는 상품이라는 재고자산만이 존재할 것이나 제조기업의 경우에는 제품 이외에 생산과정 중에 있는 재공품(work-in-process), 생산을 위해 보유하고 있는 원재료(raw materials)도 재고자산의 범주에 포함될 것이다.

기업이 어떤 자산을 재고자산으로 분류하는가는 각 기업의 주된 영업활동이 무엇인가에 따라 결정된다. 따라서 일반적인 기업에서는 토지가 재고자산이 아닐 것이나 부동산매매회사에서는 토지가 재고자산에 해당될 수도 있는 것이다. 한편, 재고자산은 유동자산으로 분류된다.

일반적으로 기업은 재고자산의 판매를 통하여 이익을 창출하는 것이 주된 영업활동이므로 다른 어떤 자산보다도 재고자산은 그 중요성이 높다. 기업이 재고자산을 판매하는 경우 그 대가로 받게 되는 금액은 '매출(revenue)'이라는 수익으로 인식하고, 판매된 재고자산의 취득원가는 '매출원가(cost of

---

20) 상품, 제품이 이에 해당한다.
21) 이를 재공품이라 한다.
22) 원재료, 저장품, 소모품 등이 이에 해당한다.

goods sold)'라는 비용으로 인식하게 되는데, 매출과 매출원가의 차액이 매출총이익이며 이는 손익계산서상에 표시된다.

[그림 12-3] 손익계산서상 매출과 매출원가의 표시

부분손익계산서[23]

매출	10,000
매출원가	(8,000)
매출총이익	2,000

매출은 일반적으로 재고자산을 고객에게 인도한 시점에 인식하는데 이 때 인식하게 될 금액은 고객이 재고자산을 매입하면서 지급하기로 한 금액이다. 매출원가의 경우에는 인식시점 및 인식금액과 관련하여 다소 복잡한 문제가 발생한다. 먼저 매출원가를 언제 분개하여 인식할 것인가 하는 인식시점의 문제는 재고자산이 판매된 시점, 즉 일상적 절차상에서 분개를 통하여 인식할 것인가 아니면 주기적 절차상에서 수정분개를 통하여 인식할 것인가 하는 문제와 연관된다. 다음으로 인식금액의 문제는 매출원가를 얼마로 기록할 것인가 하는 문제라고 할 수 있다. 이에 대하여 이하에서 차례로 살펴보기로 한다.

1. 매출원가의 인식시점

28 다음과 같은 예를 생각해 보기로 한다.

(예) 예림법무법인은 1월1일자로 파산법 서적 10권(권당 10,000)을 보유하고 있다. 1월 15일에 추가적으로 파산법 서적을 한권당 10,000씩 100권을 현금으로 구입하였다. 1월25일에 40권을 권당 30,000에 현금으로 판매하였다.

23) 여기에 기입된 숫자는 이해를 돕기 위하여 임의로 산정한 숫자이다.

이 경우 예림법무법인이 어떻게 매출 및 매출원가와 관련된 분개를 할 것인가를 생각해 볼 필요가 있는데, 이와 관련하여 두 가지의 방법이 있다. 하나는 계속기록법(perpetual inventory system)이고 다른 하나는 실지재고조사법(periodic inventory system)이다.

(1) 계속기록법

29 계속기록법하에서는 재고자산의 판매와 관련된 사항 전부를 재고자산의 판매가 이루어진 시점에 분개한다. 즉 재고자산의 판매가 이루어지면 매출을 인식함과 동시에 매출원가에 관한 분개를 행하게 되는 것이다. 이 경우 매출원가는 회계의 순환절차 중 일상적 절차상에서 분개가 이루어진다고 말할 수 있다. 매출원가를 매출이 이루어진 시점마다 계상한다는 의미에서 계속기록법이란 용어를 쓴 것이다.

위의 예와 관련하여 예림법무법인이 책을 구입해 온 시점(1월15일)에는 다음과 같은 분개를 행하게 된다.

(차) 재고자산 1,000,000	(대) 현금 1,000,000

여기서 유의할 점은 재고자산의 금액으로 예림법무법인이 지급한 1,000,000이 기록된다는 점이다. 이처럼 취득한 금액으로 해당자산의 원가를 기록하는 것을 회계학에서는 '취득원가주의'라고 한다.

재고자산을 판매한 경우(1월 25일)에는 다음과 같은 분개가 이루어진다.

(차) 현금 1,200,000	(대) 매출 1,200,000

동시에 이 판매와 관련된 매출원가를 다음과 같이 분개한다.

(차) 매출원가 *400,000*	(대) 재고자산 *400,000*

이를 곰곰이 생각해 보면 재고자산이라는 자산 중 40권이 판매되어 1,200,000의 수익을 창출하였는데, 이러한 수익을 창출하기 위하여 400,000의 재고자산을 판매한 것이므로 이 400,000은 매출원가라는 비용으로 계상되게 되는 것이다. 따라서 재고자산 1,100,000[24] 중 400,000은 매출원가라는 비용으로 전환되고, 나머지 700,000은 재고자산이라는 자산으로 여전히 남아있게 되는 것이다.

결국 계속기록법하에서는 회계기간 중 어느 시점에서든지 기업이 판매한 재고자산의 매출원가가 얼마이고 남아있는 재고자산의 금액이 얼마인지를 파악할 수 있게 된다. 그런데 재고자산은 감모가 일어나거나 도난 등의 사유로 인해 실제 존재하고 있는 금액과 장부상 기록되어 있는 금액이 달라지는 경우가 흔히 발생한다. 계속기록법의 경우 이러한 부분을 제대로 파악하지 못하는 문제점이 있다. 따라서 이하에서 설명하는 실지재고조사법과 결합하여 감모 또는 손상된 부분을 파악하여 이에 대한 적절한 수정을 해주어야 재고자산의 금액이 적정하게 대차대조표에 계상되게 된다.

(2) 실지재고조사법

30 실지재고조사법이란 회계기말에 와서야 실지재고조사를 행해 기말재고금액을 파악하고 이를 통하여 매출원가를 역산[25]하는 방법으로 기중에는 매출원가의 인식과 관련된 분개를 행하지 않는다. 즉 일상적 절차상에서 매출원가에 대한 기록을 하지 않다가 주기적 절차상에서 한꺼번에 회계연도 전체의 매출원가를 인식한다는 것이다. 따라서 재고자산의 판매가 이루어지

---

24) 1월1일에 보유하고 있던 재고자산 100,000(10×10,000)과 1월15일에 구입한 1,000,000(100×10,000)을 합한 금액이다.

25) 매출원가 = 기초재고 + 당기매입 − 기말재고

는 시점에 매출에 대해서만 분개를 할 뿐 매출원가와 관련된 분개를 행하지 않는다. 이는 매출시점에 재고자산이라는 계정과목의 변동이 나타나지 않음을 의미한다. 왜냐하면 앞서 계속기록법에서는 매출이 이루어진 시점에 매출원가를 인식하기 위하여 대변에 재고자산을 차감하는 분개를 하였는데, 실지재고조사법에서는 매출원가를 인식하는 분개를 하지 않음으로써 재고자산 계정의 잔액을 감소시키는 분개를 하지 않는다는 것이다. 실지재고조사법 하에서는 매출시점에 재고자산의 계정잔액이 변동되지 않는다는 측면을 고려하여 재고자산을 매입하는 시점에도 재고자산계정의 차변에 증가액을 기록하는 대신 '매입'이라는 별도의 계정을 사용하여 이 계정의 차변에 기록하는 것이 일반적이다. 이렇게 되면 결국 실지재고조사법하에서는 기중에 재고자산 계정에는 아무런 기록을 하지 않게 되며, 이는 재고자산 계정의 잔액이 기중에는 기초재고금액으로 유지됨을 의미하게 된다. 따라서 대차대조표일에 실제 남아있는 재고자산을 파악하는 절차와 기중에 기록하지 않은 매출원가를 산정하는 절차가 실지재고조사법에서는 반드시 요구되게 되는 것이다. 앞서 계속기록법에서 설명한 예를 이용하여 실지재고조사법하에서는 어떤 분개를 하게 되는지 살펴보기로 한다.

<u>책 구입시(1월 15일)</u>
(차) 매입 1,000,000 (대) 현금 1,000,000

<u>책 판매시(1월 25일)</u>[26]
(차) 현금 1,200,000 (대) 매출 1,200,000

<u>재무제표 작성시점(대차대조표일)</u>
(차) 매출원가 100,000 (대) 재고자산 100,000
(차) 매출원가 1,000,000 (대) 매입 1,000,000
(차) 재고자산 700,000 (대) 매출원가 700,000

26) 판매된 책의 매출원가를 기록하는 분개가 이루어지지 않음에 유의하라.

위에서 든 예를 계속기록법과 실지재고조사법을 비교하여 나타내면 [그림 2-4]와 같다.

[**그림** 2-4] 계속기록법과 실지재고조사법의 분개 비교

시점	계속기록법	실지재고조사법
재고자산 매입시	(차) 재고자산 1,000,000 (대) 현금 1,000,000	(차) 매입 1,000,000 (대) 현금 1,000,000
재고자산 판매시	(차) 현금 1,200,000 (대) 매출 1,200,000 (차) 매출원가 400,000 (대) 재고자산 400,000	(차) 현금 1,200,000 (대) 매출 1,200,000
대차대조표일[27]	분개 없음	(차) 매출원가 100,000 (대) 재고자산(기초) 100,000 (차) 매출원가 1,000,000 (대) 매입 1,000,000 (차) 재고자산(기말) 700,000 (대) 매출원가 700,000

실지재고조사법의 경우 대차대조표일에 수정분개를 함으로써 결과적으로 계속기록법의 경우와 동일해짐을 [그림 2-4]에서 확인할 수 있다. 즉 양 방법 모두 최종적으로 재고자산의 잔액은 700,000, 매출 1,200,000, 매출원가 400,000이 된다.

계속기록법과 실지재고조사법 모두 인정되는 방법이므로 어느 방법을

27) 실지재고조사법하에서 대차대조표일에 하게 되는 분개는 매출원가를 어떤 계정을 이용하여 산출할 것인가에 따라 집합손익계정이용법, 매입계정이용법, 매출원가계정이용법으로 세분된다. 여기서는 매출원가계정이용법을 가정하였다. 이 경우 3개의 분개가 이루어 졌는데, 이는 매출원가를 산출하는 방법이 [기초재고자산금액 + 당기매입액 - 기말재고액]임을 상기하면 쉽게 이해할 수 있다. 즉, 첫번째 분개는 매출원가계정으로 기초재고금액을 대체하고 두번째 분개는 당기매입액을 매출원가계정에 대체함으로써 매출원가계정의 차변잔액은 이 양자의 합이 되어 판매가능재고금액을 나타내게 된다. 세번째 분개를 통하여 기말재고금액을 매출원가계정에서 재고자산계정으로 대체함으로써 매출원가계정의 잔액은 바로 매출원가가 되고, 재고자산계정의 잔액은 기말재고자산금액으로 기록되게 된다.

사용하여도 관계없으나 일반적으로 대규모의 거래가 간혹 일어나는 기업에서는 계속기록법을, 소규모의 거래가 자주 일어나는 기업에서는 실지재고조사법을 사용하는 것이 이론적으로는 바람직할 것이다.

2. 매출원가의 산정

31 앞에서 매출원가의 인식시점에 대해 살펴보았고 매출원가는 결국 아래와 같은 산식 구조하에서 산출됨을 알 수 있었다.

매출원가 = 기초재고금액 + 당기매입액 − 기말재고금액

그런데 이 산식을 살펴보면 기초재고금액은 전기의 확정된 기말재고금액이 이월되어 온 것이고, 당기매입액은 원칙적으로 취득원가주의에 의해 확정되어 있는 금액이므로 그 금액을 산출하는데 별 어려움이 없다. 문제는 당기의 기말재고금액이다. 기업이 취득한 재고자산의 단가가 항상 일정한 경우에는 남아있는 재고수량에 단가를 곱하여 기말재고금액을 구하면 된다. 하지만 재고자산의 구입단가가 매입시점마다 항상 동일한 경우는 오히려 지극히 예외적인 경우이다. 재고자산의 구입단가가 매입시점마다 다른 경우 남아있는 기말재고 수량에 어떤 단가를 곱하여 기말재고금액을 구할 것인가? 이는 재고자산이 판매되는 경우 어떤 단가로 구입한 재고자산이 팔렸다고 볼 것인가를 결정하여야 해결될 수 있는 문제이다. 원칙적으로는 판매된 재고자산에 대해 개별적으로 확인하여 그 취득단가를 알아낸 후 이를 매출원가로 보는 것이 정확한 방법일 것이다. 가령 귀금속 판매의 경우나 골동품 판매의 경우 각 재고자산 하나하나의 취득단가를 쫓아가 이를 매출원가로 보는 것이 정확하고 타당한 방법인 것이다. 이를 개별법이라고 한다. 하지만 일반적인 경우 개별법을 적용하기란 매우 어려움을 알 수 있다. 즉 재고자산의 매입과 매출이 빈번히 일어나는 경우 매 시점마다 어떤 재고자산

이 판매되었는가를 일일이 기록하는 것은 매우 번거롭고 어려운 일이다. 따라서 매출원가와 기말재고금액을 산정하기 위하여 회계학에서는 일정한 가정을 하게 된다. 즉 재고자산의 실제 물적흐름과는 별개로 재고자산의 원가가 일정한 흐름을 가지고 있다고 가정하여 재고자산의 기말금액과 매출원가를 산정하는 것이다. 원가의 흐름을 가정하는 방법에는 평균원가법, 선입선출법, 후입선출법 등이 있다. 다음의 예를 통하여 각 방법에 대해 구체적으로 살펴보기로 한다.

(예)

일자	매입			매출수량
	수량	단가	금액	
1월 1일(전기이월)	*100*	*50*	*5,000*	
1월 7일	*200*	*55*	*11,000*	
1월 12일				*150*
1월 20일	*300*	*60*	*18,000*	
1월 26일				*200*
합계	*600*		*34,000*	*350*

기말시점에 남아있는 재고자산이 언제 얼마의 가액으로 매입한 것인지를 확인할 수 있다면 기말재고의 수량에 해당 단가를 곱하여 기말재고금액을 손쉽게 산정할 수 있다(개별법). 하지만 앞서 말했듯이 남아있는 기말재고의 단가를 일일이 확인한다는 것이 어렵고 사실상 불가능하므로 일정한 가정하에 단가를 결정하게 되는 것이 일반적이다.

(1) 개별법

32 개별법(specific identification method)이란 개별 재고자산을 일일이 추적

하여 어느 것이 판매되고 어느 것이 기말재고로 남아있는가를 확인하여 매출원가와 기말재고금액을 결정하는 방법이다. 위의 예에서 1월 12일에 판매된 150개는 1월7일에 매입된 재고자산이 팔린 것이고, 1월 26일에 판매된 200개는 전기이월분에서 100개, 1월 20일 매입분에서 100개가 팔린 것으로 파악된 경우 개별법에 의하면 다음과 같이 매출원가를 구할 수 있다.

1월12일 매출원가: 150 × 55 = 8,250
1월26일 매출원가: (100 × 50)+(100 × 60) = 11,000

이때 기말재고 수량 250개는 1월7일 매입분에서 50개, 1월20일 매입분에서 200개로 구성된다. 따라서 기말재고금액은 (50 × 55) + (200 × 60)이 되어 14,750이 된다.

판매가능재고금액 34,000 → 매출원가 = 8,250 + 11,000 = 19,250
→ 기말재고 = 14,750

개별법의 단점으로는 두 가지를 들 수 있다. 첫째는 상이한 가격으로 구입된 재고자산을 이용하여 당기순이익이 조작될 위험이 있다는 것이다. 즉 기업이 당기순이익을 높일 필요가 있을 때에는 단가가 낮은 재고자산을 판매하고, 당기순이익을 낮출 필요가 있을 때에는 단가가 높은 재고자산을 판매함으로써 이를 달성할 수 있다. 둘째는 실무적으로 개별법을 적용할 수 있는 경우란 수량은 적으면서 단가는 고가인 경우처럼 재고자산의 원가를 개별적으로 추적가능하여야 하는데 이는 극히 제한적이라는 점이다. 따라서 기업회계기준서 제10호 '재고자산'에서는 통상적으로 상호교환될 수 없는 재고항목이나 특정 프로젝트별로 생산되는 제품 또는 서비스의 원가는 개별법을 사용하여 결정하되, 개별법으로 원가를 결정할 수 없는 재고자산의 원가는 이하에서 설명될 선입선출법, 후입선출법, 평균원가법을 적용토록 하고 있다.

(2) 선입선출법

33 선입선출법(First-In First-Out method; FIFO)이란 먼저 매입된 재고자산이 먼저 판매된다고 가정하여 매출원가와 재고자산금액을 산정하는 방법이다. 계속기록법과 실지재고조사법 모두에서 선입선출법을 적용할 수 있는데, 어느 방법을 쓰나 결과는 동일하다. 왜냐하면 먼저 매입된 재고자산이 먼저 매출된다고 가정하므로 실지재고조사법에 의하여 대차대조표일자로 한번에 기말재고와 매출원가를 산정하든, 계속기록법에 의하여 매입, 매출 시마다 재고자산과 매출원가를 산정하든 그 결과는 동일해지기 때문이다. 이를 앞서의 예를 통하여 확인해 보기로 한다.

1) 실지재고조사법

34 먼저 매입된 재고자산이 먼저 판매되는 것으로 가정하므로 기말재고수량 250개가 가장 나중에 매입한 재고자산(1월 20일자)에서 모두 남은 것으로 보게 된다. 따라서 기말재고금액은 250 × 60 = 15,000이 된다. 매출원가는 판매가능원가 34,000에서 기말재고금액 15,000을 뺀 19,000이 된다.

2) 계속기록법

35 1월 12일에 150개를 판매하였는데 이 시점에서 보아 가장 먼저 매입된 재고자산이 1월 1일자의 재고자산이므로 여기서 100개가 판매되었다고 보고 나머지 50개는 1월 7일자에 구입한 재고자산에서 판매된 것으로 가정한다. 따라서 이 시점의 매출원가는 (100 × 50)+(50 × 55)=7,750가 되고 남아있는 재고자산의 가액은 150 × 55 = 8,250이 된다. 1월 26일에 판매된 200개는 남아있는 재고 중 1월 7일자에 구입한 150개에서 우선적으로 판매되었다고 보고 나머지 50개는 1월 20일에 구입한 재고자산에서 판매되었다고 가정하게 된다. 따라서 이 시점의 매출원가는 (150 × 55) + (50 × 60) = 11,250이 되고 남아있는 재고자산금액은 (250 × 60) = 15,000이 된다. 결국 총매출원가는 19,000이 되고 기말재고금액은 15,000이 되어 실지재고조사법의 경우와 동일함을 알 수 있다.

(3) 후입선출법

36 후입선출법(Last-In First-Out method; LIFO)이란 나중에 취득한 재고자산이 먼저 팔린다고 가정하는 방법이다. 후입선출법에 의할 경우 매출원가가 최근에 구입한 자산으로 구성되고, 기말재고자산은 구입한지 오래된 재고자산으로 구성되게 된다. 따라서 물가가 상승하는 경우 당기순이익이 작게 계상되어 법인세를 적게 부담한다는 장점이 있다. 이는 다음과 같은 산식에서 확인할 수 있다.

매출총이익 = 매출 − 매출원가 매출원가 = 기초재고 + 당기매입 − 기말재고

기말재고자산이 작게 평가되면 될수록 매출원가는 커지게 되고, 매출원가가 커지면 매출총이익은 줄어들게 되므로 당기순이익은 작아지게 되는 것이다.

후입선출법하에서는 계속기록법을 채택하는가 아니면 실지재고조사법을 채택하는가에 따라 기말재고금액이 달라지게 된다. 이는 다음의 [그림 2-5]와 [그림 2-6]에서 확인할 수 있다.

[그림 2-5] 실지재고조사법

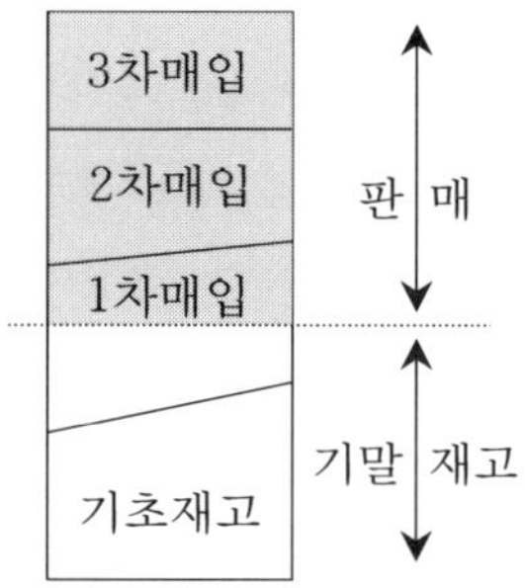

[**그림** 2-6] 계속기록법

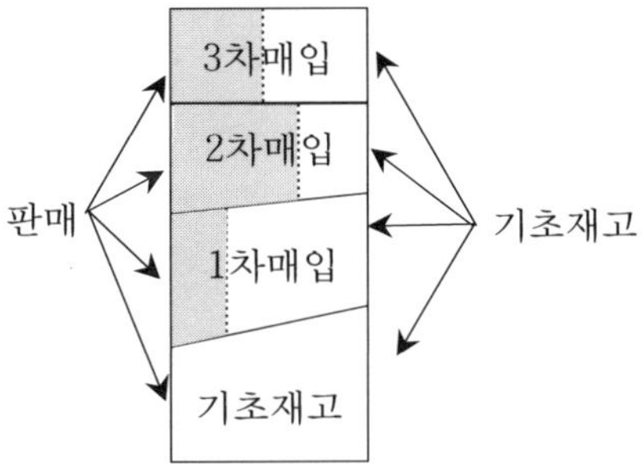

실지재고조사법의 경우 기말시점에 한꺼번에 판매가능재고자산에서 차례로 나중에 매입한 부분에서 먼저 팔렸다고 가정하게 되므로, 남게 되는 재고자산은 [그림 2-5]와 같은 모양이 된다. 반면, 계속기록법의 경우 매출시마다 그 시점에서 보아 가장 최근에 매입한 부분부터 팔렸다고 가정하게 되므로 [그림 2-6]과 같은 모양이 된다.

앞서의 예제를 후입선출법에 의하여 풀어보면 다음과 같다.

1) **실지재고조사법**

37 최근에 매입된 재고자산이 먼저 판매되는 것으로 가정하므로 기말재고 수량 250개는 가장 먼저 매입한 재고자산부터 남게 되어 1월 1일자 100개와 1월 7일자 150개로 구성된다. 따라서 기말재고금액은 (100 × 50) + (150 × 55) = 13,250이 된다. 매출원가는 판매가능원가 34,000에서 기말재고금액 13,250을 뺀 20,750이 된다.

2) **계속기록법**

38 1월 12일에 150개를 판매하였는데 이 시점에서 보아 가장 최근에 매입된 재고자산이 1월 7일자의 재고자산이므로 여기서 150개가 판매되었다고 가정한다. 따라서 이 시점의 매출원가는 150 × 55 = 8,250이 된다. 1월 26일에 판매된 200개는 그 시점에 가장 최근에 매입된 1월 20일자 재고 중에서

판매된 것으로 가정한다. 따라서 이 시점의 매출원가는 200 × 60 = 12,000이 된다. 이 경우 기말재고자산 250개는 기초재고분 100개, 1월 7일 매입분에서 50개, 1월 20일 매입분에서 100개가 남게 된다. 따라서 기말재고자산 금액은 (100 × 50) + (50 × 55) + (100 × 60) = 13,750이 된다.

(4) 평균원가법

39 평균원가법(average cost method)은 재고자산의 평균원가를 구하여 이를 기초로 매출원가와 기말재고금액을 구하는 방법이다. 평균원가법을 실지재고조사법하에서 적용하게 되면 기말시점에 가서야 기말재고수량을 파악하고 매출원가를 기록하게 되므로, 기초재고자산과 기중에 매입했던 재고자산 전부를 합산한 후 이를 기초재고수량과 당기매입수량의 합으로 나누어 평균원가를 구하게 된다. 평균원가를 기말재고수량에 곱하면 기말재고자산금액이 되며, 매출수량에 곱하면 매출원가가 된다. 이를 총평균원가법(weighted-average cost method)이라 한다.

한편, 평균원가법을 계속기록법하에서 적용하면 매입이 이루어지는 시점마다 기존 재고와 새로 매입한 재고자산의 평균원가를 구하고, 이후 매출이 이루어지는 시점에 이 평균원가를 매출수량에 곱하여 매출원가를 기록하게 된다. 만약 추가로 새로이 매입이 이루어지면 기존에 남아있는 재고와 새로 매입한 재고의 평균원가를 다시 계산하고, 이를 이후에 매출이 일어나는 경우 매출수량에 곱하여 매출원가를 구하게 된다. 이처럼 평균원가를 새로이 매입이 일어나는 시점마다 구하게 되므로 이를 이동평균법(moving-average cost method)이라 한다.

앞서의 예제를 총평균법과 이동평균법으로 각각 풀어보면 다음과 같다.

1) 총평균원가법

40 판매가능원가가 34,000이고, 판매가능재고수량이 600개이므로 평균원가는 56.67이 된다. 따라서 매출원가는 56.67 × 350 = 19,833이 되고, 기말재고

금액은 56.67 × 250 = 14,167이 된다.

2) 이동평균원가법

41 1월 7일자에 새로이 매입이 이루어지면 기존재고와 합산하여 평균원가를 산정하게 된다. 이때의 평균원가는 (5,000 + 11,000)/(100+200) = 53.33이 되어 이후 매출이 일어나게 되면 이 평균원가가 적용된다. 1월 12일자에 매출이 이루어 졌으므로 매출원가는 150 × 53.33 = 8,000이 될 것이다. 1월 20일에 새로운 매입이 있었으므로 평균원가를 다시 산정해야 하고 이는 57.78[28]이 된다. 1월 26일에 매출이 이루어 졌으므로 이때의 매출원가는 200 × 57.78 = 11,555가 될 것이다. 이렇게 되면 기말재고금액은 남아있는 재고수량 250 × 57.58 = 14,445가 된다.

3. 재고자산 평가방법들의 비교 및 의미

42 앞서의 예제를 각 방법에 의하여 풀어본 결과를 요약하면 다음과 같다.

[그림 2-7] 재고자산 평가방법들의 비교

방 법		매출원가	기말재고	판매가능원가
FIFO	실사법	15,000	19,000	34,000
	계속기록법	15,000	19,000	34,000
LIFO	실사법	20,750	13,250	34,000
	계속기록법	20,250	13,750	34,000
평균원가법	실사법(총평균원가법)	19,833	14,167	34,000
	계속기록법(이동평균원가법)	19,555	14,445	34,000

이에 의하면 기말재고금액의 크기는 다음과 같은 순서를 갖는다.

28) (8,000 + 18,000)/(150 + 300) = 57.78

선입선출법 〉 이동평균원가법 〉 총평균원가법 〉 후입선출법(계속기록법) 〉 후입선출법(실사법)

따라서 매출원가는 다음과 같은 순서를 가질 것이다.

선입선출법 〈 이동평균원가법 〈 총평균원가법 〈 후입선출법(계속기록법) 〈 후입선출법(실사법)

그러므로 매출총이익은 다음과 같은 순서를 가진다.

선입선출법 〉 이동평균원가법 〉 총평균원가법 〉 후입선출법(계속기록법) 〉 후입선출법(실사법)

예제의 경우 물가가 지속적으로 상승하고 있었으므로 위와 같은 순서는 물가가 하락하는 경우에는 반대로 될 것이다. 그러나 물가가 상승하는 것이 일반적이므로 결국 후입선출법이 기말재고금액이 가장 낮게 평가되는 방법이라고 할 수 있다. 이를 감안하여 기업회계기준서 제10호에서는 후입선출법을 사용하여 산정한 재고자산의 원가를 대차대조표에 공시한 경우 이 금액과 선입선출법 또는 평균원가법에 의한 평가액과의 차액을 주석으로 기재하도록 하고 있다. 이렇게 함으로써 기업간 비교가능성이 높아져 정보의 유용성이 증가하게 되기 때문이다.

앞서 설명한 바와 같이 물가가 상승하는 경우에는 후입선출법이 결과적으로 가장 낮은 당기순이익을 보고하게 된다. 그렇다면 이는 후입선출법을 사용할 경우 기업이 가장 낮은 법인세를 부담하게 된다는 것을 의미한다. 세액의 납부라는 것이 실제 현금흐름의 유출을 가져오는 것이고 보면 기업의 입장에서는 동일한 조건이라면 인플레이션 하에서는 후입선출법을 채택하는 것이 가장 현명한 방법이 된다. 따라서 미국의 경우 많은 기업들이 후입선출법을 채택하고 있다.[29] 그런데 인플레이션 하에서 기중에 판매된 재

29) 그러나 우리나라의 경우에는 실무적으로 후입선출법을 많이 채택하고 있지 않은 것으로 보고되고 있다. 이는 세금의 영향 이외에도 다른 변수가 원가흐름의 가정을 선택할 때 고려되고 있음을 의미한다.

고자산이 기중에 매입한 재고자산을 초과하게 되면 기초재고(전기이월분)에서도 판매가 이루어지게 된다. 기업이 오랜 동안 후입선출법을 써왔다면 이때의 기초재고는 아주 오래 전에 구입한 매우 낮은 원가의 재고자산으로 구성되어 있을 가능성이 높다. 이럴 경우 후입선출법을 적용하게 되면 아주 낮은 원가의 기초재고 일부가 매출원가에 산입되어 오히려 매출원가가 비정상적으로 낮아지는 문제가 발생함으로써 후입선출법을 채택할 때의 장점을 희석시키는 결과를 가져온다. 이러한 현상을 후입선출청산(LIFO liquidation)이라고 한다. 기업회계기준서 제10호에서는 이처럼 후입선출청산이 발생하여 비정상적인 매출원가가 산정되는 경우 정보의 유용성을 향상시키기 위하여, 판매된 기초재고자산의 수량에 당해 회계연도기간 중 평균취득단가를 곱한 금액과 기초재고자산의 장부상 원가와의 차액을 주석으로 기재하도록 함으로써 후입선출청산이 매출원가에 미치는 효과를 파악할 수 있도록 하였다.

이처럼 후입선출청산의 문제가 발생하게 되면 후입선출법의 장점이 감소되므로 회계이론적으로는 후입선출청산의 발생여지를 최소화하는 방안이 많이 논의되어 왔다. 대표적인 방법이 두 가지가 있는데 하나는 풀후입선출법(pooled LIFO method)이고 다른 하나는 화폐가치후입선출법(dollar-value LIFO method)이다. 풀후입선출법이란 유사한 재고자산끼리 묶어 풀(pool)을 구성하고 이를 하나의 재고자산처럼 다루어 후입선출법을 적용하는 방법이다. 풀후입선출법을 사용하게 되면 풀을 구성하는 어느 항목의 기말재고수량이 기초재고수량보다 작아지는 후입선출청산이 발생해도 다른 항목들에서 기말재고수량이 더 크게 나타나면 이를 상쇄하게 되어 풀 전체적으로 보면 후입선출청산이 발생하지 않게 될 가능성이 높다.

화폐가치후입선출법이란 재고층의 증감을 수량 대신 화폐가치로 측정하는 방법을 말한다. 이 방법에 의하면 풀후입선출법보다 훨씬 다양하게 여러 유형의 재고자산을 하나의 그룹으로 묶을 수 있게 되는 장점이 있다. 풀후입선출법의 경우 기초재고수량과 기말재고수량을 비교하여 기말재고수량이 기초재고수량보다 작아지게 되면 후입선출법과 마찬가지로 여전히 후입선출청산의 문제가 나타나게 된다. 반면 화폐가치후입선출법은 수량대신 화폐가치라는 측정단위를 이용하여 재고자산의 증감여부를 판단함으로써 후입선출청산이 일어날 가능성을 보다 감소시키는 이점이 있다고 할 수 있다.

4. 재고자산의 평가

43 재고자산은 진부화, 가격변화, 손상 등의 이유로 그 가치가 하락하는 경우가 발생할 수 있다. 취득원가주의가 엄격하게 적용되는 경우에는 이러한 경우에도 대차대조표상 취득원가를 그대로 기록하게 되나, 이렇게 되면 대차대조표상 재고자산 금액이 적정한 가치를 나타내지 못하게 되어 회계정보의 신뢰성이 떨어지는 문제가 발생한다. 따라서 재고자산의 시가가 장부가액보다 낮은 것으로 판명된 경우에는 시가를 새로운 재고자산의 금액으로 보아 이를 대차대조표상에 공시하도록 강제하고 있다. 이를 저가주의의 채택이라고 한다. 저가주의는 회계학상 보수주의의 입장에 기초하고 있다. 보수주의란 자산의 가치에 대하여 불확실성이 존재할 때 자산이 과대평가되지 않는 회계처리방법을 채택하여야 한다는 관점을 말한다.

재고자산의 평가에 있어 저가주의를 적용하는 경우 시가를 과연 무엇으로 볼 것인가가 문제가 되는데, 추정판매가격에서 판매시까지의 정상 판매비용을 차감한 금액인 순실현가능가치를 현행 기업회계기준에서는 시가로 보고 있다. 기업회계기준서 제10호에 의하면 재고자산을 저가로 평가하게 되어 평가차손이 발생하게 되면 이는 재고자산의 차감적평가계정으로 표시하고 매출원가에 가산토록 하고 있다.

Ⅲ. 유형자산

44 기업이 상품이나 제품의 판매 등 주된 영업활동을 영위하기 위해서는 여러 유형의 자산들이 필요하다. 가령 직원들이 근무하는 사무실이 있는 건물이나 판매에 이용하기 위한 차량, 혹은 각종 집기비품 등이 그것이다. 기업회계기준서 제5호에 의하면 유형자산이란 물리적형태가 있는 자산으로서 재화의 생산, 용역의 제공, 타인에 대한 임대 또는 자체적으로 사용할 목적으로 보유하고 1년을 초과하여 사용할 것이 예상되는 자산을 말한다. 대표적인 유형자산으로는 토지, 건물, 구축물, 기계장치, 건설중인 자산 등이 있다. 유형자산은 주된 영업활동상 판매목적으로 보유하고 있는 것이 아닌 점에서 재고자산과 구분된다. 가령 토지를 판매하는 일을 주된 영업활동으로 하는 기업에서는 토지가 재고자산이겠지만 일반적인 기업에서는 유형자산으로 분류된다.

기업이 자산의 취득과 관련하여 특정 금액을 지출했을 때 이것을 회계처리하는 방법은 두 가지 중 하나이다. 취득 즉시 비용으로 인식하는 방법과 자산으로 인식하는 방법이 그것이다. 가령 기업이 사업에 사용하기 위하여 소모품을 취득하였는데 이는 통상 단기간 내에 소모된다고 한다면 취득시에 전액을 비용으로 처리할 수 있을 것이다. 물론 취득시점에 이를 소모품이라는 자산으로 기록하고 이후 소비되는 시점에 소모품비라는 비용으로 기록하는 것이 정확한 회계처리이나 단기간 내에 소비되어 없어지는 것에 대해서는 편의를 위해 처음부터 소모품비라는 비용으로 처리하는 것이 일반적이다. 그런데 유형자산이라고 하는 것은 일반적으로 오랜 기간에 걸쳐 사용되는 것이므로 이를 취득시점에 비용으로 기록하게 되면 회계기간별 수익·비용 대응에 문제가 발생하게 된다. 따라서 이 경우에는 원칙대로 자산으로 기록하고 이후 내용연수 동안 감가상각이라는 방법을 통해 비용으로 인식하는 회계처리를 하게 되는 것이다.

유형자산과 관련된 회계상 논점은 크게 3가지로 구분된다. 첫째, 유형자산의 취득원가 산정 문제이다. 취득원가의 산정이 적절히 이루어져야 내용연수에 걸쳐 감가상각이라는 절차를 통해 비용인식이 합리적으로 이루어진다. 즉, 취득원가에 산입하였어야 할 금액을 당기비용으로 처리하게 된다면 이는 수익·비용 대응관점에서 문제가 생기게 된다는 것이다. 둘째, 유형자산의 취득원가의 기간배분을 통한 비용인식문제이다. 어떠한 방식으로 기간비용을 산출해 낼 것인가 하는 것이 여기서 논의의 핵심이다. 즉 감가상각방법이 무엇인가가 논의의 초점이 된다는 것이다. 셋째, 유형자산의 처분 및 감액과 관련된 회계처리문제이다.

1. 유형자산의 취득

(1) 취득시점의 결정

45 유형자산의 취득시점이 언제인가를 결정한다는 것은 유형자산의 가액을 언제 회사가 자산으로 계상하느냐 하는 문제라고 볼 수 있다. 회계상으로는 이전등기일, 잔금청산일, 실제사용일 중 가장 빠른 날이 취득시점이라고 본다.

(2) 취득원가의 결정

46 어떠한 지출이 이루어 졌을 때 이것이 자산의 취득원가를 구성하는가 하는 판단은 이 지출이 당해 자산을 취득하여 본래의 목적대로 사용가능한 상태로 만드는 데까지 들어간 지출인가를 기준으로 한다. 따라서 당해 자산의 구입가격은 물론이거니와 운반비, 설치비, 시운전비 등도 모두 취득원가에 산입이 되는 것이다. 그런데 이러한 원칙만으로 일정 지출이 취득원가에 해당하는지를 판단하기가 어려운 경우들이 있다. 즉 유형자산의 취득형태에 따라 취득원가의 결정이 어려운 경우들이 있다는 것이다. 따라서 이러한 경

우들을 간략히 살펴보기로 한다.

1) 토지와 건물의 일괄구입

47 토지와 건물을 일괄구입한 경우에는 기업의 의도가 어떠한 것인가를 결정해야 한다. 가령 토지와 건물을 일괄하여 구입한 목적이 기존의 건물을 사용할 목적이었다고 한다면 토지와 건물의 공정가액에 비례하여 일괄구입금액을 안분하여 토지와 건물의 취득원가를 각각 결정한다. 하지만 일괄구입한 목적이 기존의 건물을 철거하고 새로운 건물을 짓기 위한 것이었다고 한다면 일괄구입가액 전액을 토지의 원가로 보아야 한다. 왜냐하면 앞서 자산의 취득원가를 결정하는 일반원칙처럼 비록 건물이 있는 토지를 샀지만 이 토지 위에 새로운 건물을 짓기 위한 목적이므로 토지에 새로운 건물을 짓기 위한 상태에 이르기까지 들어가는 지출은 모두 토지의 취득원가로 산입하여야 한다는 것이다. 따라서 일괄구입대가 전액이 토지원가에 산입될 뿐만 아니라 기존건물을 철거하기 위한 비용도 토지의 취득원가에 산입되어야 한다.

2) 장기할부구입

48 유형자산을 장기 할부의 조건으로 취득하기로 한 경우 취득원가는 명목상 앞으로 지급하기로 한 금액의 합이 아니라 이 금액들의 현재가치의 합이 된다. 즉 구입대가를 미래 시점으로 미루는 것에 대한 금융비용의 성격이 명목상의 지급대가에는 포함되어 있는 것이기에 이 부분은 유형자산의 취득원가로 볼 것이 아니라 별도의 금융비용으로 인식하여야 한다는 것이다.

3) 유형자산 취득시 국공채 매입을 하여야 하는 경우

49 유형자산의 취득시 국공채를 액면가액에 강제적으로 매입하여야 하는 경우가 있다. 국공채의 시장가격은 적정한 시장이자율로 할인된 금액일 것이지만 액면가액으로 구입하여야 하므로 결국 시장가격과 액면가액의 차이[30]에 해당하는 금액만큼 시장가격보다 더 주고 구입하게 되는 셈이 된다.

이러한 현재가치할인차금에 해당하는 금액만큼은 해당 유형자산을 취득하는데 불가피하게 발생되는 금액이므로 유형자산의 취득원가에 가산하는 것이 옳다. 기업회계기준서 제5호에서도 이때의 할인차금은 유형자산의 취득원가에 산입하도록 하고 있다.

4) 국고보조금 등의 지원에 의한 취득

50 기업이 국고보조금을 지원받는 경우가 있다. 이 금액에 대해 상환의무가 있는 경우에는 다른 차입금과 다를 바가 없으므로 기업의 부채로 기록될 것이다. 그러나 국고보조금에 대해 상환의무가 없고, 이 국고보조금을 이용하여 유형자산을 취득한 경우 취득한 유형자산의 취득원가를 얼마로 기록할 것인지가 문제가 된다. 국고보조금에 대해 상환의무가 없는 경우, 이 자체만을 놓고 보면 기업 입장에서는 무상으로 자금을 받은 것이므로 자산수증이익에 해당한다. 하지만 이것을 이용하여 유형자산을 취득하게 되면 유형자산의 매매가액에서 이 국고보조금만큼을 차감한 금액만이 순수하게 기업 입장에서 지출한 금액이 된다. 그렇다면 유형자산의 취득원가를 순수히 지출한 금액만으로 기록할 것인가? 기업회계기준서 제5호에 의하면 유형자산의 취득 등에 사용이 제한되고 상환의무가 없는 국고보조금을 이용하여 유형자산을 취득한 경우 그 유형자산의 취득원가는 취득일의 공정가치로 기록하도록 하고 있다. 가령 상환의무없는 국고보조금 100만원을 받아 공정가액이 300만원인 유형자산을 취득한 경우 이 유형자산의 취득원가는 300만원이 되는 것이다. 이와 관련된 분개를 예시하면 다음과 같다.

(차) 현금	*1,000,000*	(대) 국고보조금	*1,000,000*
(차) 유형자산	*3,000,000*	(대) 현금	*3,000,000*

여기서 대변에 기록되어 있는 국고보조금은 유형자산의 차감적평가계정

30) 이를 '현재가치할인차금'이라고 한다.

이다. 따라서 유형자산을 취득한 시점에 대차대조표를 작성한다면 다음과 같이 공시된다.

부분대차대조표		
유형자산	3,000,000	
차감: 감가상각누계액	(0)	
국고보조금	(1,000,000)	2,000,000

이후 국고보조금에 대해서는 내용연수에 걸쳐 매년 감가상각비와 상계하며 해당 유형자산을 처분하는 경우에는 그 잔액을 처분차손익에 반영토록 한다. 결국 국고보조금의 성격에 대해 각도를 달리하여 보면 보조받은 시점에 기업의 수익으로 보지 않고 선수수익 성격의 항목으로 보았다가 이후 해당 유형자산의 내용연수 동안에 걸쳐 매년 일정액씩 수익이 실현되는 것으로 보아 감가상각비와 상계하는 분개를 한다고도 생각할 수 있다.

5) **복구비용이 발생하는 유형자산의 취득**

51 일부 유형자산의 경우 경제적 사용이 종료된 시점에 그 자산을 제거 또는 해체하거나 환경보전 등을 위해 원상회복을 시켜야 함으로써 복구비용이 발생하는 경우가 있다. 복구시점에 발생할 복구비용이 그 시점의 유형자산의 잔존가액보다 작을 것으로 예상되는 경우에는 잔존가액으로 복구를 하면 되므로 별도의 인식을 할 필요가 없다. 그러나 만약 그 시점의 복구비용이 잔존가액보다 클 것으로 예상되는 경우에는 회계적으로 고려해 봐야 할 점이 있다. 즉 복구비용이 경제적 사용 종료시점에 발생하고 이것을 그 시점에 전액 비용으로 인식한다면 유형자산이 내용연수에 걸쳐 수익을 창출한 것과 대비하면 수익-비용 대응원칙에 어긋나는 문제가 발생하는 것이다. 복구비용이 유형자산의 취득 및 사용과 관련하여 불가피하게 발생되는 것이라면 이를 내용연수에 걸쳐 비용으로 나누어 인식하는 것이 수익-비용 대응 관점상 적절하다 할 것이다. 따라서 기업회계기준서 제5호에서는 추정되는 복구비용의 현재가치를 자산의 취득원가에 가산토록 함으로써 향후

내용연수 동안 감가상각을 통하여 비용으로 나누어 인식되도록 하고 있다. 가령 추정복구비용의 현재가치가 9,500이라면 이와 관련된 분개는 다음과 같다.

(차) 유형자산 9,500　　　　　　　(대) 복구충당부채 9,500

또한 복구비용을 현재가치로 환산하여 취득원가에 가산하였으므로 복구충당부채금액이 유형자산의 취득시점에는 현재가치로 기록되어 있다. 따라서 이를 복구시점까지 명목가액으로 조정하는 분개를 하여야 하는데, 이는 결국 화폐의 시간가치 개념상 금융비용에 해당하는 것을 '복구충당부채전입액' 이라는 계정과목으로 처리하여 손익계산서에 반영함을 말한다.

6) 교환취득의 경우

52 유형자산을 취득하면서 그 대가로 기존에 보유하고 있던 유형자산을 지급하는 경우가 있다. 이를 유형자산의 교환취득이라고 한다. 지급하는 유형자산이 취득하는 유형자산과 동종의 경우 동종자산의 교환이라고 하고, 이종의 경우 이종자산의 교환이라고 한다. 여기서 주의할 점은 동종자산이라는 개념이다. 단지 동일한 종류의 자산이라고 해서 동종자산이라고 볼 수는 없다. 여기서 말하는 동종자산이 되기 위해서는 동일한 종류의 자산일 것과 더불어 그 공정가액도 유사할 것을 요구한다. 가령 10년된 중고차와 신차를 교환하여 취득하였다고 한다면 이는 동종자산의 교환취득이라고 볼 수 없다는 것이다. 동종자산의 교환인가 아니면 이종자산의 교환인가를 구분하는 것이 중요한 이유는 어떠한 교환으로 분류되느냐에 따라 교환손익을 인식하느냐 여부가 결정되기 때문이다. 즉 이종자산의 교환의 경우에는 기존의 유형자산의 수익창출활동이 완료된 것으로 보아 교환손익을 인식하는 반면, 동종자산의 교환에는 새로이 취득하는 자산이 기존의 자산과 유사한 것으로 보아 자산 교환 후에도 새로운 자산이 동일한 수익창출활동을 계속하는 것으로 보므로 교환손익을 인식하지 않는다. 기업회계기준서 제5호

에서 교환이 동종자산의 교환이냐 아니면 이종자산의 교환이냐에 따라 회계처리를 달리하도록 규정하고 있는 것은 바로 이러한 인식을 바탕으로 한다. 교환손익을 인식하지 않는다는 것은 새로이 취득하는 유형자산의 취득원가를 기존 유형자산의 장부가액과 동일하게 기록함을 의미한다. 반면, 교환손익을 인식한다는 것은 마치 처분하는 것과 동일하게 보는 것이므로 취득하는 유형자산의 취득원가는 제공 자산의 공정가액으로 기록하게 됨[31]을 의미한다. 결론적으로 자산의 교환이 이종자산의 교환으로 판정되면 새로이 취득하는 자산의 취득원가는 공정가액으로 기록되며 이에 따라 교환손익이 인식되는 반면, 동종자산의 교환으로 판정되는 경우에는 새로이 취득하는 자산의 취득원가는 제공하는 자산의 장부가액을 그대로 승계하게 되므로 교환손익이 발생하지 않게 된다.

7) 금융비용의 자본화

53 원칙적으로 차입금의 이자는 당기비용으로 처리한다. 그러나 기업회계기준서 제7호에서는 예외적으로 유형자산의 취득에 상당한 기간이 소요되는 경우에는 일정한 기준하에 자산취득에 사용된 차입금에서 발생한 이자를 취득원가에 산입할 수 있도록 허용하고 있다. 이를 금융비용의 자본화라고 한다. 그 취지는 유형자산이 향후 장기에 걸쳐 수익창출활동을 하게 되기에 이의 취득과 관련되어 발생한 금융비용을 취득원가에 산입하여 내용연수 동안 나누어 감가상각비라는 비용으로 인식함으로써 수익-비용 대응원칙에 충실하고자 하는 것이다. 이처럼 금융비용을 자본화할 수 있는 자산은 취득이 개시된 날로부터 의도된 용도로 사용하거나 판매할 수 있는 상태가 될 때까지 1년 이상의 기간이 소요되는 재고자산과 일정기간이 소요되는 유형자산, 무형자산, 투자자산이다.

---

31) 만약 제공하는 자산의 공정가액을 알 수 없는 경우에는 취득하는 자산의 공정가액을 취득원가로 기록하게 된다.

(3) 유형자산의 보유기간 중 발생한 지출의 처리

54 유형자산을 취득한 후 이를 사용하는 동안 수리나 증설 등의 추가적 지출이 발생하는게 일반적이다. 이러한 지출에 대해서는 원칙적으로 당기비용으로 처리하는 것이 일반적이나 예외적으로 생산능력의 증대나 내용연수의 연장 등을 가져오는 경우에는 해당 유형자산의 장부가액에 가산하여 이후 감가상각을 통해 비용으로 인식하는 절차를 취한다. 당기비용으로 처리되는 지출을 수익적 지출(revenue expenditures)이라 하고, 장부가액에 가산되는 지출을 자본적 지출(capital expenditures)이라 한다. 유형자산의 취득 이후에 발생하게 되는 지출을 수익적 지출로 보아 비용으로 처리할 것인지 아니면 자본적 지출로 보아 해당자산의 장부가액에 가산할 것인지를 결정하는 것은 매우 중요한 일이다. 왜냐하면 지출액을 전액 당기에 비용으로 처리하는 것과 자산의 장부가액에 가산하여 내용연수에 걸쳐 감가상각을 통해 비용으로 나누어 인식하는 것은 당기순이익에 중대한 영향을 미치기 때문이다.

2. 감가상각

55 유형자산이 취득되어 장부에 기록된 이후에는 해당 자산의 내용연수 동안 원가를 배분하여 비용으로 인식하는 절차가 필요하다. 이를 감가상각회계(depreciation accounting)라 부른다. 감가상각과 관련하여 유의할 점은 이것이 그 시점의 유형자산의 공정가액을 나타내기 위하여 이루어지는 것이 아니라는 점이다. 즉 유형자산을 평가하는 것이 아니라는 뜻이다. 감가상각은 해당 자산이 사용되어지는 기간, 즉 내용연수 동안에 걸쳐 취득원가에서 잔존가액을 차감하고 남은 금액[32)]을 체계적이고 합리적으로 배분하는 것이다. 만약 이것이 유형자산의 평가라면 평가시점의 유형자산의 공정가액이 장부가액 이상일 경우 비용으로 인식할 금액이 없게 된다. 더구나 건물과 같은 유형자산의 경우 그 가치가 상승하는 것이 일반적인데, 이를 자산

32) 이를 '감가상각대상금액'이라고 한다.

의 평가라고 본다면 취득원가가 비용으로 인식될 여지는 없게 된다. 이처럼 감가상각을 원가의 배분과정으로 보게 된 이유는 크게 두 가지로 요약된다. 첫째는 유형자산이 내용연수 동안 가치의 등락이 있다고 할지라도 재고자산과는 달리 이를 객관적으로 측정한다는 것이 어려워 자의성이 개입될 여지가 많다는 것이다. 둘째는 회계원칙 중 취득원가주의와 수익·비용 대응원칙에 보다 더 부합되기 위해서는 감가상각을 유형자산의 가치 감소분으로 인식하는 것보다는 원가의 배분과정으로 인식하는 것이 바람직하다는 것이다. 이러한 이유로 유형자산의 가치가 올랐다고 할지라도 감가상각이 이루어지게 되는 것이다.

감가상각에 대해서는 다음과 같은 분개를 하게 된다.

(차) 감가상각비 *100*[33]	(대) 감가상각누계액 *100*

그렇다면 유형자산의 가치가 상승한 부분은 기업에게 아무런 영향을 미치지 않는다는 것일까? 그렇지는 않다. 유형자산의 가치 상승분은 미실현이익에 해당하므로 보유 중에는 이익으로 인식되지 않고, 결국 해당 유형자산이 처분되는 시점에 이익으로 계상되게 된다.

감가상각비(depreciation expense)는 당기순이익을 계산하는 과정에 있어 차감항목으로 처리되는 것이 일반적이다. 그러나 일정한 경우에는 당기의 비용으로 당기순이익에서 차감되는 것이 아니라 다른 자산의 원가에 가산되기도 한다. 가령, 제조업체의 경우 제조설비에 대한 감가상각비는 제조원가에 가산되어 재고자산의 가액에 포함되게 된다. 이는 이후 재고자산이 판매되었을 때 매출원가로 당기순이익에 영향을 미치게 된다. 비슷한 논리로 유형자산이나 무형자산을 기업 자체적으로 건설하거나 창출하는 경우 감가상각비가 해당 자산의 취득원가에 가산되기도 한다.

33) 이 숫자는 이해를 돕기 위하여 임의로 기입한 숫자이다.

감가상각누계액(accumulated depreciation)은 해당자산의 차감적 평가계정이다.

부분대차대조표

유형자산	1,000		
감가상각누계액	(100)	900	

감가상각이 이루어질 때 감가상각누계액계정을 쓰지 않고 해당 자산을 직접 차감할 수도 있다. 하지만 기업회계기준이 이를 허용치 않고 감가상각누계액 계정을 쓰도록 한 것은 이렇게 함으로써 해당 자산의 취득원가를 계속 공시할 수 있어 해당자산의 취득시점도 유추할 수 있는 등 보다 많은 정보를 제공할 수 있기 때문이다.

감가상각을 계산하기 위해서는 내용연수, 잔존가액, 감가상각 방법이 결정되어야 한다. 이하에서는 이를 차례로 살펴보기로 한다.

(1) 내용연수

56 내용연수(useful life)란 해당 유형자산이 사업에 사용될 것으로 기대되는 기간을 의미한다. 내용연수는 경제적 내용연수(economic useful life)와 물리적 내용연수(physical useful life)를 모두 고려하여 결정한다. 경제적 내용연수란 유형자산이 제공하는 효익이 관련 비용보다 작아지지 않을 때까지의 기간을 의미한다. 즉 효익이 관련비용보다 작아지는 시점이 해당 유형자산이 경제적 내용연수를 다한 시점이 된다고 본다. 반면, 물리적 내용연수란 경제적 내용연수와는 별개로 물리적으로 사용가능한 내용연수를 말한다. 따라서 경제적 내용연수가 물리적 내용연수보다 짧은 것이 일반적이므로 양자를 모두 고려하게 되는 경우 결국 경제적 내용연수가 해당 유형자산의 내용연수로 결정되게 된다. 예를 들어 유형자산의 물리적 내용연수가 20년이나 경제적 내용연수가 15년이라면 이 자산의 내용연수는 15년으로 결정되는 것이다. 내용연수를 결정하는 것은 상당히 주관적이므로 이를 되도록이

면 합리적으로 추정할 수 있도록 하여야 한다. 만약 그렇지 못할 경우 감가상각비가 내용연수에 따라 크게 차이가 나게 되므로 당기순이익에 미치는 영향이 심각해진다.

(2) 잔존가액

57 잔존가액(salvage value)이란 내용연수 종료시점에 해당 자산의 처분(disposition)을 통하여 실현될 것으로 기대되는 금액을 말한다. 만약 한 유형자산을 1,000,000에 취득하고 내용연수가 10년으로 추정되며 내용연수 종료시점의 잔존가액이 100,000으로 예상된다면 감가상각을 하게 되는 총가액은 900,000이 된다.

58 (3) 감가상각방법

기업회계기준서 제5호에 따르면 유형자산의 감가상각 방법으로 정액법, 정률법, 연수합계법, 생산량비례법 등을 들고 있다. 감가상각방법으로 어떠한 방법을 채택하느냐에 따라 내용연수 동안 감가상각비가 각기 다른 패턴으로 인식된다. 물론 어떠한 방법을 쓰든 내용연수 동안 인식하게 되는 총 감가상각비는 동일하다. 하지만 각각의 회계연도에 인식되는 감가상각비가 각기 다르므로 당기순이익에 영향을 미친다는 점에서 어떠한 감가상각방법을 선택하는가는 매우 중요한 회계정책의 선택 중 하나라고 말할 수 있다. 공통 예제를 통해 대표적인 방법들을 살펴보기로 한다.

(예제) 예림법무법인은 사업에 사용하기 위해 자동차를 5천만원에 취득하였다. 잔존가액은 1천만원으로 추정되며 내용연수는 5년이다.

1) 정액법

59 정액법(straight line method)에 의하면 취득원가에서 잔존가액을 뺀 감

가상각대상금액을 내용연수에 걸쳐 일정하게 감가상각비로 인식하게 된다.

$$감가상각비 = (취득원가 - 잔존가액) \times \frac{1}{내용연수}$$

(예제)를 정액법에 의하여 풀어보면 매년 인식하여야 할 감가상각비는 다음과 같다.

$$(50{,}000{,}000 - 10{,}000{,}000) \times \frac{1}{5} = 8{,}000{,}000$$

이를 토대로 감가상각 스케쥴표를 작성해보면 다음과 같다.

year	취득원가 (A)	산식	연간감가상각비 (B)	감가상각누계액 (C)	장부가액 (D)=(A)-(C)
1	50,000,000	40,000,000×1/5	8,000,000	8,000,000	42,000,000
2	50,000,000	40,000,000×1/5	8,000,000	16,000,000	34,000,000
3	50,000,000	40,000,000×1/5	8,000,000	24,000,000	26,000,000
4	50,000,000	40,000,000×1/5	8,000,000	32,000,000	18,000,000
5	50,000,000	40,000,000×1/5	8,000,000	40,000,000	10,000,000

(A)열은 자동차의 취득원가를 나타내며 이 금액은 대차대조표에 공시된다. (B)열은 연간 감가상각비이며 이는 손익계산서에 공시된다. (C)열은 감가상각누계액으로 대차대조표에서 유형자산의 취득원가에 대하여 차감적 평가계정으로 공시된다. (D)열은 장부가액으로 이는 취득원가에서 감가상각누계액을 차감한 금액을 일컫는다. 주목할 점은 (D)열의 5년차 금액 즉, 내용연수 종료시점의 장부가액이 잔존가액인 10,000,000과 동일하다는 점이다. 이는 감가상각은 잔존가액 이하로는 이루어지지 않음을 의미한다.

2) 연수합계법

60 연수합계법(sum of the years' digits method)은 내용연수 초기에 보다 많은 감가상각비를 인식하고 내용연수가 경과할수록 감가상각비를 작게 인식

하는 방법이다. 연수합계법은 감가상각대상금액에 상각율을 곱하여 감가상각비를 구하게 되는데, 이때 상각율은 다음과 같이 구한다.

상각율 = 당해연도초의 잔여내용연수 / 연수합계

여기서 연수합계는 다음과 같이 구한다: 5+4+3+2+1 = 15[34)]

상각율을 구하는 산식에서 분모가 일정한 수로 계산되고, 분자가 내용연수가 경과할수록 작아지게 되므로 상각율은 내용연수가 경과할수록 작아지게 된다. 따라서 내용연수초기에 감가상각비가 크게 계상되고 시간이 흘러갈수록 감가상각비는 작게 계상된다.

감가상각비 = [취득원가 - 잔존가액] × 상각율

(예제)에 대하여 연수합계법으로 감가상각스케줄표를 작성해 보면 다음과 같다.

year	취득원가 (A)	산식	연간감가상각비 (B)	감가상각누계액 (C)	장부가액 (D) = (A) - (C)
1	50,000,000	40,000,000×5/15	13,333,333	13,333,333	36,666,667
2	50,000,000	40,000,000×4/15	10,666,667	24,000,000	26,000,000
3	50,000,000	40,000,000×3/15	8,000,000	32,000,000	18,000,000
4	50,000,000	40,000,000×2/15	5,333,333	37,333,333	12,666,667
5	50,000,000	40,000,000×1/15	2,666,667	40,000,000	10,000,000

3) 정율법

61 정율법은 기초장부가액에 일정한 상각율을 곱하여 감가상각비를 계산하는 방법이다. 상각율은 다음과 같이 구한다.

34) 이는 내용연수가 n이라면 다음과 같이 구할 수 있다.

n(n+1) / 2

$$상각율 = 1 - \sqrt[n]{\frac{잔존가액}{취득원가}}$$

따라서 감가상각비는 다음과 같다.

감가상가비 = 기초장부가액 × 상각율

이 방법에 의하면 감가상각을 해 나갈수록 장부가액이 줄어들게 되므로 내용연수 초기에 많은 감가상각비가 계상되고 시간이 흘러갈수록 작은 감가상각비가 계상되게 된다.

(예제)를 정율법에 의하여 감가상각스케줄표를 만들면 다음과 같다.

$$상각율 = 1 - \sqrt[5]{\frac{10,000,000}{50,000,000}} = 0.275$$

year	취득원가 (A)	기초장부가액	연간감가상각비 (B)	감가상각누계액 (C)	장부가액 (D)=(A)-(C)
1	50,000,000	50,000,000	13,750,000	13,750,000	36,250,000
2	50,000,000	36,250,000	9,968,750	23,718,750	26,281,250
3	50,000,000	26,281,250	7,227,344	30,946,094	19,053,906
4	50,000,000	19,053,906	5,239,824	36,185,918	13,814,082
5	50,000,000	13,814,082	3,814,082[35]	40,000,000	10,000,000

정율법과 연수합계법 모두 초기에 감가상각비를 많이 계산하고 시간이 지날수록 작게 계상한다는 점은 동일하나, 그 구조가 상이하다는 점에서 차이가 있다.

(4) 감가상각이 재무제표에 미치는 영향

62 감가상각 방법을 어떤 것을 채택하느냐에 따라 연도별 감가상각비가 달라지게 되므로 당기순손익도 같이 영향을 받게 된다. 정액법의 경우 연도

35) 내용연수의 맨 마지막 기간의 감가상각비는 감가상각 후의 장부가액이 잔존가액과 같아지도록 감가상각비를 계상한다.

별 감가상각비가 일정한데 비하여 정율법이나 연수합계법의 경우에는 내용연수 초기에 보다 많은 감가상각비가 인식되고 기간이 경과할수록 작은 감가상각비를 계상하게 된다. 따라서 정액법에 비하여 정율법이나 연수합계법은 초기에 낮은 당기순이익이 손익계산서에 보고될 것이고, 대차대조표에 표시되는 유형자산의 장부가액도 상대적으로 작게 나타날 것이다. 물론 내용연수 후기에는 반대의 현상이 일어나게 될 것이다.

이러한 감가상각비의 영향 때문에 특정 기업에 대해 회계기간별로 재무제표를 비교 분석하거나 여러 기업의 재무제표를 비교 분석하는 경우에는 기업이 선택하고 있는 감가상각방법과 유형자산의 평균 경과내용연수 등을 고려하여야 한다. 특히 감가상각비는 손익계산서상 어느 한 범주로만 분류되는 것이 아니라 자산이 어디에 이용되었는가에 따라 제품제조원가에도 산입될 수 있고 판매비와 관리비로 분류되기도 하므로 감가상각비에 대해서는 보다 신중한 분석이 요구된다고 하겠다.

3. 감액손실

63 회계의 기본적인 사고 중 하나는 자산은 순실현가능가치 이상으로 재무제표에 보고되어서는 아니된다는 것이다. 이러한 관점에서 재고자산의 경우 순실현가능가치보다 장부가액이 더 작은 경우에는 평가손실을 인식하였던 것이다. 동일한 맥락에서 유형자산의 경우에도 순실현가능가치를 평가하여 장부가액이 이보다 작은 경우에는 평가손실을 인식하는 것이 이론적으로는 옳다. 하지만 현행 회계기준에 의하면 유형자산에 대해서는 평가손실을 인식하지 않는다. 그 이유는 판매를 목적으로 보유하고 있는 재고자산의 경우에는 순실현가능가치를 파악하는 것이 용이하나 유형자산의 경우에는 영업활동에 이용할 목적으로 보유하고 있는 것이므로 순실현가능가치를 파악하기가 용이하지 않기 때문이다. 더구나 유형자산의 경우 재고자산과는 달리 감가상각을 통해 매년 장부가액이 감소해 나가므로 장부가액이 순실

현가능가치보다 작을 가능성도 상대적으로 작다. 이러한 불확실성에도 불구하고 평가손실을 인식토록 하는 경우에는 오히려 이익조작의 수단으로 악용될 위험 등 그 폐혜가 더 크다고 판단되기에 유형자산의 경우에는 평가손실을 인식토록 하고 있지 않은 것이다. 대신 유형자산의 진부화 또는 유형자산의 미래 경제적 효익이 장부가액에 현저히 미달할 가능성이 큰 경우에는 감액손실을 인식하도록 하고 있다. 이에 대해서는 다음과 같은 분개가 이루어진다.

(차) 감액손실 50	(대) 감액손실누계액 50

감액손실누계액이라는 계정은 유형자산의 차감적평가계정으로 대차대조표에 다음과 같이 표시된다.

대차대조표

유형자산	1,000	
감가상각누계액	(100)	
감액손실누계액	(50)	
	850	

감액한 유형자산의 회수가능액이 차기 이후 장부가액을 초과하는 경우에는 당초 감액손실을 인식하지 않았을 경우의 기말장부가액을 한도로 감액손실을 환입하게 된다. 이처럼 한도를 두는 이유는 회계의 기본원칙인 취득원가주의를 위배하지 않기 위함이다. 만약 한도가 없이 환입을 허용한다면 일종의 유형자산 평가이익을 인정하게 되는 셈이 되기 때문이다. 환입과 관련된 분개는 다음과 같다.

(차) 감액손실누계액 30	(대) 감액손실환입 30

대변의 '감액손실환입'은 손익계산서에 수익으로 계상된다.

Ⅳ. 무형자산[36]

1. 개　요

64 무형자산이란 '물리적 형체가 없지만 식별가능하고, 기업이 통제하고 있으며, 미래 경제적 효익이 있는 비화폐성자산'으로 정의된다. 여기서 식별가능하다는 것은 해당 자산이 분리가능하거나[37] 계약상 또는 기타 법적 권리로부터 발생하는 경우[38]를 말한다. 이러한 무형자산을 장부상 인식하게 되는 기준은 무형자산의 정의를 충족하되 해당 자산으로부터 발생하는 미래 경제적 효익이 기업에 유입될 가능성이 매우 높고 자산의 취득원가를 신뢰성 있게 측정가능한 경우이다. 무형자산은 일반적으로 유형자산에 비하여 미래 경제적 효익의 창출능력이 매우 불확실하다. 이는 무형자산이 특정 기업에 대해서만 가치가 있는 경우가 많고 내용연수의 결정이 어려우며 그 가치의 변동이 매우 심하다는데 기인한다. 과거에는 무형자산이 기업에서 차지하는 비중이 그리 크지 않았기 때문에 회계적으로도 큰 주목을 받지 못한 것이 사실이다. 하지만 현재는 기업의 가치 중 무형자산이 차지하는 비중이 날로 커져 가고 있다. 따라서 그 어느 때보다 무형자산에 대한 관심이 높으며 이로 인해 회계적인 측면에서도 많은 연구가 이루어지고 있다. 현재 무형자산과 관련하여서는 주로 기업회계기준서 제7호가 규율하고 있으나 2004년에 개정안이 공개초안으로 발표되어 있는 상태이다. 다만 무형자산

---

36) 무형자산에 대해서는 2001년 12월 27일에 제정된 기업회계기준서 제3호가 규율하고 있으나 2004년 11월 16일자로 개정안이 공개초안으로 발표되어 있는 상태이다. 공개초안이 큰 변동없이 곧 확정되리라고 기대되므로 본서에서는 공개초안을 중심으로 무형자산에 대해 서술하기로 한다.

37) 실체로부터 분리되거나 분할될 수 있고, 개별적으로, 또는 관련된 계약, 자산 또는 부채와 함께 매각, 이전, 라이선스, 임대 또는 교환될 수 있는 경우 분리가능하다고 본다.

38) 이 경우 그러한 권리가 이전가능한지 여부, 또는 실체 또는 기타 권리와 의무로부터 분리가능한지 여부는 고려하지 아니한다.

중 영업권은 일반적인 무형자산의 정의 중 식별가능성을 충족하지 못하는 특이성 때문에 기업회계기준서에서 포괄하여 규율하지 못하고 '기업인수 합병등에 관한 회계처리준칙'에서 별도로 규정하고 있다.

결국 무형자산은 기업회계기준서 제7호에서 규정하고 있는 식별가능한 무형자산과 '기업인수 합병등에 관한 회계처리준칙'에서 규정하고 있는 영업권으로 크게 나눌 수 있다. 식별가능한 무형자산은 다시 기업 외부에서 구입한 경우와 기업 내부적으로 창출한 경우로 나뉘어 지는데, 이를 각각 외부구입무형자산과 내부창출무형자산으로 부른다. 외부구입무형자산의 경우 독립적인 제3자와의 거래에서 취득되므로 자산으로 인식하는데 큰 어려움이 없지만 내부창출무형자산의 경우에는 자산성을 인식하는데 문제가 있을 수 있다. 가령 기업이 연구개발과 관련하여 비용으로 인식될 부분을 무형자산으로 인식하게 되면 그만큼 당기순이익과 자산이 증가하게 되는 결과를 초래하게 되는 문제가 발생하게 된다. 따라서 내부창출무형자산의 경우에는 원칙적으로 비용으로 처리하되 자산성이 높다고 인정되는 개발비의 경우에만 자산으로 인식할 수 있도록 규정되어 있다. 가령 기업의 연구비, 경상개발비, 광고비, 교육훈련비 등은 모두 당기비용으로 처리되며, 연구단계를 거쳐 개발단계에서 이루어진 지출에 대해서만 엄격한 조건을 충족하는 경우에 한해 무형자산으로 인정한다.

무형자산도 유형자산과 그 속성은 다를 바 없으므로 취득원가의 산정방식은 유형자산의 경우와 동일하다. 사업결합으로 취득하고 영업권과 분리하여 자산으로 인식한 진행 중인 연구 또는 개발프로젝트에 대한 취득 후 지출의 회계처리에 대해서는 ① 연구관련 지출이라면 발생한 기간의 비용으로 인식하고, ② 무형자산 인식기준을 충족하지 못하는 개발관련 지출이라면 발생한 기간의 비용으로 인식하며, ③ 무형자산의 인식기준을 충족하는 개발관련 지출이라면 취득한 진행 중인 연구 또는 개발 프로젝트의 장부금액에 가산한다.

무형자산의 내용연수와 관련하여 현행 무형자산 기준서는 무형자산의 내용연수가 항상 유한하다고 가정하였고, 명백한 반증이 있는 경우를 제외하고는 내용연수가 20년을 초과할 수 없다고 규정하였다. 하지만 개정초안에서는 '명백한 반증이 있는 경우를 제외하고는 내용연수가 20년을 초과할 수 없다는 규정'을 삭제하였다. 또한 관련된 모든 요소의 분석을 근거로 할 때, 그 자산이 순현금유입을 창출할 것으로 예상되는 기간에 대하여 예측가능한 제한이 없을 경우, 무형자산은 결정불능내용연수를 가지고 있는 것으로 본다고 규정하였다. 무형자산이 결정불능내용연수를 가진 것으로 평가된 경우에는 그 자산의 장부금액과 결정불능내용연수를 가진 것으로 평가된 이유를 주석으로 공시하여야 한다.

한편 현행 무형자산 기준서는 일정 기간동안 보장된 법적 권리를 통해 무형자산의 미래 경제적 효익에 대한 통제가 획득된 경우에는 법적 권리가 갱신될 수 있고 갱신이 실질적으로 거의 확실한 경우를 제외하고는 내용연수가 그 법권 권리의 기간을 초과할 수 없다고 규정하였다. 그러나 개정초안에서는 다음과 같이 규정하였다.

① 계약상 또는 기타 법적 권리로부터 발생하는 무형자산의 내용연수는 그러한 계약상 또는 기타 법적 권리의 기간을 초과하지는 않지만, 당해 자산을 사용하리라고 예상하는 기간에 따라 더 짧을 수는 있다.

② 만약 계약상 또는 기타 법적 권리가 갱신될 수 있는 한정된 기간 동안 부여된다면, 당해 무형자산의 내용연수는 중요한 원가 없이 갱신될 것이 명백한 경우에만 그 갱신기간을 포함한다.

개정초안에서 결정불능내용연수를 가진 무형자산에 대해 규정하였는데 이와 관련하여 상각여부를 어떻게 할 것인지가 문제된다. 결정불능내용연수를 가진 무형자산은 상각하지 아니한다. 다만 상각되지 않고 있는 무형자산의 내용연수는 그 자산의 내용연수를 결정할 수 없다는 평가가 계속하여 적절한지 결정하기 위하여 매 회계기간 말에 검토를 하여야 한다. 만약 검토

결과 적절하지 않다면, 결정불능내용연수를 유한한 내용연수로 변경하는 것은 회계추정의 변경으로 처리하게 된다.

무형자산의 상각과 관련하여 잔존가액은 제로로 보며, 상각방법은 유형자산과 마찬가지로 합리적인 방법으로 상각하되 합리적인 상각방법을 정할 수 없는 경우에는 정액법으로 상각하여야 한다. 한 가지 유의할 점은 유형자산의 상각을 감가상각(depreciation)이라고 부르는 것과 달리 무형자산의 경우에는 상각(amortization)이라고 칭한다는 점이다. 한편 유형자산을 상각하는 경우에는 감가상각누계액이라는 유형자산의 차감적 평가계정을 이용한 반면, 무형자산의 경우에는 차감적평가계정을 이용할 수 있는 것과 더불어 무형자산 자체를 감소시키는 방법도 허용된다.

무형자산도 유형자산과 마찬가지로 감액손실을 계상하여야 하며 그 논리는 동일하다.

2. 영업권(Goodwill)과 부의 영업권

65 일반적인 무형자산이 식별가능성이라는 속성을 지니고 있는데 비하여 영업권은 식별가능성이 없다는 특성을 지니고 있음을 앞서 설명한 바 있다. 영업권이라고 하는 것은 고객충성도, 인적 자원, 경영능력, 기술력 등 기업의 정상적인 영업활동 과정 중에 창출되는 무형의 자산 성격을 총칭하여 일컫는 말이다. 하지만 이러한 부분에 대해 실제로 장부상 자산으로 기록하지는 못한다. 그 이유는 어떤 원가가 영업권을 구성하는지 식별하기가 어렵고 기업 외부의 제 3자와의 거래를 통하여 발생한 것이 아니므로 매우 주관적인 측정이 이루어질 가능성이 높아 이를 자산으로 인정하는 경우에는 오히려 자의적인 회계정보가 될 가능성이 높기 때문이다. 따라서 이러한 영업권의 성격을 갖는 부분에 대해서는 아무런 회계처리가 이루어지지 않다가 기업 전체가 매매될 때 비로소 영업권으로 계상된다. 즉 갑이라는 기업이 을이라는 기업을 인수할 때 지급한 대가가 을 기업의 순자산 공정가액보다 큰

경우를 가정해보자. 원칙적으로는 을기업의 순자산의 공정가액만큼만 지불하고 인수하는 것이 이치에 맞을 것이지만 그럼에도 불구하고 공정가액을 초과하는 금액을 지급하는 것은 을 기업의 장부상 자산으로는 계상되어 있지 않지만 무언가 가치 있는 무형의 자산이 있음을 인정하기 때문이라고 볼 수 있다. 따라서 이처럼 순자산의 공정가액을 초과하는 지급대가를 영업권이라는 자산으로 계상하게 되는 것이다.

현행 기업인수 · 합병 등에 관한 회계처리 준칙에서는 영업권을 무형자산으로 인식하고 20년 이내의 기간에 정액법으로 상각하도록 규정하고 있다. 하지만 영업권과 관련된 국제회계기준의 흐름은 이와 다르다. 미국의 경우에는 2001년 재무회계기준(SFAS) 제142호에서 영업권을 상각하지 않고 대신 매년 가치의 손상여부를 판단하여 손상이 있는 경우에만 감액평가하기로 최종 결정하였으며, 국제회계기준은 2004년 3월 국제재무보고기준(IFRS) 제3호에서 동일한 기준을 채택하였다. 이처럼 국제회계기준이 영업권을 비상각 하는 쪽으로 기준을 제정하고 있는 이유는 영업권상각비가 기업가치의 평가에 있어 유용하지 못한 정보라는 인식에 근거하고 있는 것이라고 할 수 있다. 영업권은 그 속성상 기업이 영업활동을 하는 과정 중에 지속적으로 창출될 수 있는 가능성이 있어 유형자산과 마찬가지로 획일적인 감가상각을 하는 것이 오히려 경제적 실질을 반영하지 못할 수도 있다는 것이다. 이러한 국제적 흐름을 고려하여 개정안에서는 취득자가 사업결합으로 취득한 영업권은 상각하지 않는 대신 매 회계연도마다 손상 여부를 검사하도록 하고 있다.

매수대가가 피인수기업의 순자산 공정가액보다 큰 경우에는 앞서 설명한 바와 같이 영업권이 발생한다. 그렇다면 만약 매수대가가 순자산의 공정가액보다 작은 경우에는 어떤 회계처리가 이루어져야 하는 것일까? 이는 영업권과 반대의 입장에 있게 되므로 부의 영업권이라 칭하고 있다. 피인수기업의 순자산이 적절히 식별되고 인식되었다면 이러한 부의 영업권이라는 부분은 나타나지 않는 것이 일반적이라고 할 것이다. 그럼에도 불구하고 부의 영업권이 나타나는 경우에는 피인수기업의 순자산을 염가에 매수한 경우이거나 피인수기업의 순자산 공정가액이 과대평가된 경우로 판단할 수 있을 것이다. 따라서 부의 영업권을 처리하는 방법은 국제회계기준의 입장처럼 염가구매로 보아 즉시 이익으로 인식하는 방법과 순자산의 공정가액이 과대계상된 것으로 보아 순자산의 공정가액을 감소시키는 미국회계기준의 입장으로 대별할 수 있다. 미국회계기준이 채택하고 있는 방법은 자산의 취득원가 이상으로 자산을 계상하지 않는다는 취득원가주의의 관점과 일관된다. 하지만 실제로 염가구매한 것 때문에 이러한 현상이 벌어진 것이라면 순자산의 가액을 감소시켜 장부에 기록하는 것은 자산의 공정한 가액을 나타내지 못한다는 점에서 표현의 충실성을 위배하는 문제점을 안고 있다. 따라서 국제회계기준이 채택하고 있는 당기에 부의 영업권을 전액 이익으로 인식하는 방법이 가장 합리적이라고 볼 수 있다. 이런 점에서 미국회계기준도 2005년 6월 공표한 공개초안에서는 국제회계기준과 동일한 방법으로의 개정을 제안하였다. 이러한 관점에서 본다면 우리나라의 경우 현행 기준서에서 부의 영업권을 무형자산의 차감계정으로 표시하고 일정 기간 동안에 이익으로 환입하도록 규정한 것은 부적절하다고 볼 수 있다. 따라서 개정안에서는 더 이상 부의 영업권이라는 개념을 인정하지 않고 초과분을 일시에 이익으로 환입하는 기준을 제시하고 있는 것이다.

제 2 절 부채의 이해

I. 부채의 정의

66 재무회계개념체계에 의하면 부채란 과거의 거래나 사건의 결과로 인해 현재 기업실체가 부담하고 있는 미래에 자원의 유출 또는 사용이 예상되는 의무로 정의된다. 이를 나누어서 살펴보면 먼저 부채는 과거의 거래나 사건의 결과여야 한다. 부채가 과거의 거래나 사건으로부터 발생한다는 속성과 관련하여 유의할 점은 미래에 발생이 예상되는 대규모 수선비의 경우와 같이 장래에 자원의 유출 또는 사용이 기대된다 하더라도 과거의 거래나 사건으로부터 기인하지 않은 의무는 부채의 정의를 충족하지 못한다는 점이다.

두번째로 부채는 기업실체가 현재 시점에서 부담하는 경제적 의무이다. 의무란 일정한 방법으로 실행하거나 수행할 책무 또는 책임을 말하는 것으로서 이에는 계약이나 법령에 의해 법적 강제력이 있는 의무와 상관습이나 관행 또는 거래상대방과의 원활한 관계를 유지하기 위한 정책 등으로 인해 발생하는 의무가 있다. 전자의 예로는 이미 제공받은 재화 및 용역에 대한 대가의 지급의무를 들 수 있다. 후자의 예로는 제품보증기간 후에 발생하는 하자에 대해서도 보수해주기로 방침을 정한 경우 품질보증기간이 경과한 후에 지출될 것으로 예상되는 금액을 들 수 있다. 일반적으로 기업실체가 자산을 이미 인수하였거나 자산을 취득하겠다는 취소불능계약을 체결한 경우 현재의 의무가 발생한다. 그러나 미래의 일정 시점에서 자산을 취득한다는 결정이나 단순한 약정은 현재의 의무가 아니다. 취소불능계약이라 함은 의무불이행의 경우 상당한 위약금을 지급해야 하는 등 자원의 유출을 피할 수 없는 계약을 말한다.

마지막으로 부채는 미래 경제적 효익의 희생이라는 속성을 충족해야만 한다. 기업실체가 현재의 의무를 이행하기 위해서는 일반적으로 미래에 경제적 효익의 희생이 수반된다. 현재의 의무는 주로 현금 또는 기타 자산의 이전, 용역의 제공, 다른 의무로의 대체 또는 자본으로의 전환 등의 방법으로 이행된다. 또한 기업실체의 의무는 채권자의 권리의 포기 또는 상실 등에 의해 소멸되기도 한다.

일반적으로 부채의 액면금액은 확정되어 있지만 제품보증을 위한 충당부채와 같이 그 측정에 추정을 요하는 경우도 있다. 따라서 부채의 정의를 만족하기 위해서는 금액이 반드시 확정되어야 함을 의미하는 것은 아니다.

이러한 부채에 관한 정의는 부채의 본질적 특성을 나타내는 것으로서, 이러한 정의가 특정 항목이 재무제표에 부채로 인식되기 위한 충분조건은 아니다. 부채의 정의를 만족하지만 인식기준을 충족하지 못하는 경우에는 재무제표에 표시되지 않는다.

Ⅱ. 부채의 분류

67 부채를 분류하는 기준은 두 가지가 있다. 하나는 부채의 이행시기를 기준으로 유동부채와 비유동부채로 분류하는 것이고, 다른 하나는 부채의 존재가 어느 정도 확실한가에 따라 확정부채와 우발부채로 분류하는 방법이다.

먼저 부채를 해당 의무의 이행시기에 따라 유동부채와 비유동부채로 나누는 경우를 살펴보자. 유동부채는 대차대조표일로부터 1년 이내에 의무를 이행하여야 하는 경우이며 비유동부채는 1년 이후의 기간에 의무를 이행하여야 하는 부채이다. 다만 정상적인 영업주기 이내에 이행될 것으로 예상되는 매입채무와 미지급비용 등은 대차대조표일로부터 1년 이내에 결제되지 않더라도 유동부채로 분류된다.

부채를 존재여부 정도에 따라 나누면 확정부채와 우발부채로 분류된다. 확정부채(determinable liabilities)란 부채가 확실히 존재하는 경우이다. 다만 부채가 존재하는 것은 확실하나 그 금액이 확정적으로 결정되지 않았거나 지급시기가 확정되지 않아 추정을 필요로 하는 경우에는 이를 별도로 추정부채(estimated liabilities)로 분류하기도 한다.

한편, 우발부채(contingent liabilities)란 부채의 존재여부가 미래 일정한 사건의 발생여부에 따라 결정되는 부채를 말한다. 가령 소송에 계류중인 사건과 관련된 부채는 승소하면 부채로 인식되지 않지만 패소하는 경우에는 부채로 인식되게 되므로 대표적인 우발부채라고 할 수 있다. 원칙적으로 이러한 우발부채는 미래 사건이 발생하기까지 확정된 부채가 아니므로 대차대조표에 계상할 수 있는 것이 아니다. 다만 미래에 부채로 계상될 가능성이 존재하므로 이해관계자에게 주의를 환기시킨다는 차원에서 주석사항으로 공시하도록 하고 있다. 그런데 우리나라의 경우 예외적으로 우발부채 중에서 발생가능성이 매우 높고 금액을 신뢰성 있게 추정 가능한 경우에는 이를 단지 주석사항으로 공시하기 보다는 대차대조표상에 부채로 직접 계상하도록 하고 있는데 이를 충당부채라고 한다.

그런데 우발부채와 관련하여 추가로 짚고 넘어가야 할 부분이 있다. 이는 우발부채가 주석으로 공시되느냐 아니면 충당부채로서 대차대조표에 기록되느냐의 의미가 과연 무엇인가 하는 점이다.

주석사항이 아닌 대차대조표 본문에 부채로 계상된다는 것은 분개가 이루어지고 해당 계정에 전기된다는 것을 뜻하므로 회계등식 및 복식부기 관점에서 본다면 당연히 동일한 금액이 어떤 계정에 동시에 계상되어야 함을 의미한다. 이는 다음과 같은 분개를 생각해 보면 쉽게 이해할 수 있을 것이다.

(차) ? *** (대) 충당부채 ***

그렇다면 차변에 어떠한 계정과목이 올 것인가? 우발상황이 현실화하여 실제로 발생하면 결국 기업 입장에서는 손실이 발생하게 되는 것이므로 차변에는 손실과 관련된 계정과목이 오게 될 것이다. 이를 다시 정리하여 보면 우발부채를 주석사항으로 공시하는 것은 관련 손실을 지금 재무제표에 반영하지 않고 이후 실제로 우발상황이 발생한 시점에 가서 손실로 인식한다는 의미이고, 충당부채로 보아 재무제표 본문에 인식한다는 의미는 당 회계연도에 관련 손실을 인식하겠다는 뜻이다. 결국 우발상황과 관련하여 차변 중심으로 설명을 하게 되면 손실이라는 부분을 중심으로 이야기 하게 되는 것이고 대변 중심으로 설명을 하게 되면 부채라는 부분을 중심으로 설명하게 되는 것을 알 수 있을 것이다.

우발부채 혹은 우발손실과 관련하여 설명을 하였는데, 그렇다면 반대의 상황은 있을 수 없는가? 즉, 미래의 어떤 상황에 따라 기업 입장에서 이익이 발생할 수 있는 경우가 있다면 이는 우발이익이라 부를 수 있을 것이고 이를 장부상 반영할 수는 없을까 하는 점이다. 이와 관련하여서는 회계의 기본적 개념 중 하나인 보수주의[39]를 생각해 보면 어떻게 처리하여야 할 것인지를 쉽게 알 수 있다. 보수주의에 의한다면 우발이익은 계상해서는 아니되므로 이와 관련된 회계처리는 이루어지지 않는 것이다.

---

39) 이를 이익을 과소계상 혹은 자산을 축소하여 계상하라는 의미로 이해해서는 안된다. 보수주의라는 것은 어떤 사건에 대해 판단할 때 이익 또는 자산으로 계상하여야 할지 말아야 할지가 동일한 확률이라고 한다면 자산 또는 이익을 작게 하는 쪽으로 판단하라는 의미일 뿐이다.

Ⅲ. 유동부채

68 유동부채에는 여러가지가 있지만 대표적인 계정과목인 매입채무, 단기차입금, 미지급금, 미지급비용, 선수금, 예수금, 선수수익, 유동성장기부채 등에 대해 설명하기로 한다.

매입채무란 일반적 상거래에서 발생한 외상매입금과 지급어음을 말한다. 외상매입금은 재화와 용역을 아무런 대가의 지불없이 순수히 외상으로만 구입한 경우 이용하게 되는 계정이다. 반면 지급어음은 어음을 지급하고 재화를 구입한 경우에 이용하는 계정이다. 한가지 주의할 점은 기업이 어음을 발행한 경우 무조건 지급어음 계정으로 기록하는 것이 아니라는 점이다. 일반적 상거래와 관련된 경우에만 지급어음으로 계상하는 것이고, 만약 돈을 차입하면서 어음을 지급한 경우에는 지급어음이 아니라 차입금 계정으로 기록하고 다만 어음을 지급하였다는 점을 주석사항으로 기록할 뿐이다.

단기차입금은 금융기관으로부터의 당좌차월액과 1년 이내에 상환될 차입금을 말한다. 미지급금은 일반적 상거래 이외에서 발생한 채무를 말하며 미지급비용은 이미 발생된 비용으로서 지급되지 아니한 것을 가리킨다. 양자간의 정확한 차이를 이해하기 위하여 다음과 같은 두 가지 경우를 예로 들어보기로 한다.

먼저 건물을 임차하고 매월 월세를 내기로 했는데 아직 지급하지 않은 경우에는 이미 비용은 발생하였으나 그 대가를 지급하지 않은 것이므로 임차료라는 비용을 인식하되 그 상대계정으로 미지급비용이라는 부채계정을 기록하게 된다.

(차) 임차료 *100*[40] (대) 미지급비용 *100*

40) 이 숫자는 이해를 돕기 위하여 임의로 기입한 숫자이다.

이와 유사한 경우가 이미 발생한 이자를 지급하지 않은 경우, 보험서비스를 제공받고 아직 보험료를 납부하지 않은 경우 등이 있다.

반면 미지급금은 외상매입금이나 지급어음 같은 매입채무와 유사한 것이다. 다만 그 차이가 매입채무는 주된 영업활동과 관련된 것이고 미지급금은 그 이외의 것을 구입하고 대금을 지급하지 않은 것을 말한다. 가령 비품을 구입하고 대금을 지급하지 않았다면 다음과 같은 분개가 이루어진다.

(차) 비품 *1,000*[41]	(대) 미지급금 *1,000*

선수금, 선수수익과 예수금도 그 구분을 명확히 할 필요성이 있는 계정과목들이다. 먼저 선수금(advances received from customers)이란 수주공사, 수주품 및 기타 일반적 상거래에서 발생한 선수액을 기록하는 계정이다. 이는 미래에 상품 등을 제공하기로 하고 대금의 일부 혹은 전부를 미리 수령한 것이므로 향후 현금으로 상환하는 것이 아니라 상품 등을 제공해야 할 의무를 부담한다. 이와 관련하여 분개를 살펴보면 다음과 같다.

대금의 전부를 수령하였지만 상품 등을 제공하지 않은 시점

(차) 현 금 *1,000*[42] (대) 선수금 *1,000*

향후 상품 등을 제공한 시점

(차) 선수금 *1,000* (대) 매 출 *1,000*

선수수익(unearned revenue)은 기업이 용역을 제공하기로 하고 받은 대금 중 차기 이후에 속하는 금액을 말한다. 이는 아직 대금에 해당하는 용역을 제공하지 않았기 때문에 당기에 수익으로 인식하지 못하고 차기 이후로 이연하였다가 용역을 제공한 시점에 수익으로 인식하게 된다. 용역을 제공하지 못하였는데 대금만 미리 받았으므로 이는 미래에 용역을 제공할 의무

41) 이 숫자는 이해를 돕기 위하여 임의로 기입한 숫자이다.
42) 이 숫자는 이해를 돕기 위하여 임의로 기입한 숫자이다.

를 부담한게 되어 부채로 계상하게 되는 것이다.

예수금(returnable deposits)은 일반적 상거래 이외에서 발생한 일시적인 예수액을 말한다. 이는 궁극적으로 기업에게 귀속되는 것이 아니라 미래에 다시 반환하여야 할 성질을 가지고 있다. 가령 세입자로부터 받은 전세금이라든지 공사입찰담보금 등은 거래가 완료되면 반환하여야 할 성질을 지니고 있다. 따라서 이를 예수금이라는 부채항목으로 처리하게 되는 것이다.

유동성장기부채(current maturities of long-term debts)란 비유동부채 중 1년 이내에 상환될 부분을 유동부채로 재분류할 때 계상하게 되는 계정과목이다.

Ⅳ. 비유동부채

69 비유동부채(non-current liabilities)란 만기가 1년 이후에 도래하는 부채를 말하며 사채, 장기차입금, 장기성매입채무, 장기충당부채 등이 이에 해당한다.

1. 사 채

70 사채(bond)는 기업이 자금을 조달하는 주요 수단 중의 하나이다. 사채와 관련된 주요 회계처리사항은 첫째, 사채 발행과 관련된 사항, 둘째 사채 발행차금의 상각 문제, 셋째, 사채 상환시의 문제로 나누어진다.

(1) 사채발행관련 회계처리

71 사채의 발행가액은 사채의 미래 현금흐름을 발행시점의 시장이자율로 할인한 금액으로 결정된다. 따라서 발행시점의 시장이자율과 사채의 액면이자율간의 차이에 따라 사채 액면금액과 동일한 액면발행 혹은 사채 액면금액보다 작은 할인발행 또는 사채 액면금액보다 큰 할증발행 여부가 결정된

[그림 2-8] 이자율과 사채발행의 관계

시장이자율 = 액면이자율 → 액면발행
시장이자율 〉 액면이자율 → 할인발행
시장이자율 〈 액면이자율 → 할증발행

다. 이를 요약해보면 [그림 2-8]과 같다.

시장이자율이 액면이자율보다 높은 경우에 할인발행이 이루어지는 이유는 투자자들이 동일한 위험을 갖는 다른 곳에 투자할 경우 사채의 액면이자율보다 더 높은 수익을 얻을 수 있기 때문에 이를 보완해 주기 위해서이다. 사채의 액면이자율은 사채의 표면에 표시된 이자율로 이를 시장이자율과 동일하게 변경하는 것은 불가능하기에 액면금액보다 할인해서 발행함으로써 이자율의 차이를 조정해 주게 되는 것이다. 이때 할인발행함으로써 발생한 액면금액과 발행가액의 차액을 사채할인발행차금이라고 한다. 반대로 시장이자율이 액면이자율보다 낮은 경우에는 반대의 논리가 성립되어 할증발행이 이루어지게 되며 이때 차액을 사채할증발행차금이라고 한다.

사채발행과 관련하여 회계처리를 각각 살펴보면 다음과 같다.

[그림 2-9] 사채발행과 관련된 회계처리[43]

발행종류	분개
액면발행	(차) 현금 10,000 (대) 사채 10,000
할인발행	(차) 현금 9,000 사채할인발행차금 1,000 (대) 사채 10,000
할증발행	(차) 현금 11,000 (대) 사채 10,000 사채할증발행차금 1,000

43) 이 숫자는 이해를 돕기 위하여 임의로 기입한 숫자이다.

(2) 사채발행차금의 상각관련 회계처리

72 앞에서 사채할인발행차금과 사채할증발행차금이 어떤 경우에 나타나게 되는지 설명하였다. 그렇다면 사채할인발행차금과 사채할증발행차금은 어떤 성격의 계정일까? 양자 모두 사채에 대한 평가계정으로 사채할인발행차금은 차감적 평가계정이고 사채할증발행차금은 부가적 평가계정이라고 할 수 있다. 즉 대차대조표에 다음과 같이 표시된다는 뜻이다.

[그림 2-10] 사채할인발행자금과 사채할증발행차금의 공시

대차대조표

	사채	20,000
	사채할인발행차금	(1,000)
	사채할증발행차금	1,000
		20,000

그런데 사채할인발행차금과 사채할증발행차금 모두 시장이자율과 액면이자율간의 차이를 보전하기 위하여 발행가액을 조정함으로써 발생된 것이므로 그 속성은 이자성격에 해당한다고 할 수 있다. 따라서 이 차금은 사채의 만기에 걸쳐 매년 일정 금액씩 상각하여 이자비용에 가감을 해줘야만 한다. 결국 사채할인발행차금의 경우에는 상각액만큼이 당기의 이자비용에 가산되게 되고, 사채할증발행차금의 경우에는 상각액이 당기의 이자비용에서 차감되는 결과를 가져온다. 이때 상각방법은 발행차금을 사채의 만기에 걸쳐 일정하게 상각하는 정액법 상각이 가장 단순한 방법이나 기업회계기준에서는 정액법 상각 대신 유효이자율법(effective interest rate method)에 의하여 상각하도록 규정하고 있다. 유효이자율법은 회계기준의 전반에서 자주 나오는 방법이므로 여기서 좀더 상세히 설명을 하기로 한다.

유효이자율법이란 기업이 사채의 기초 장부가액을 한 회계기간 동안 유효이자율의 이자를 지급하고 사용한다는 가정하에 실제로 지급한 액면이자

와 유효이자의 차액만큼을 발행차금에서 상각하는 방법을 말한다. 여기서 유효이자율이란 시장이자율과는 다른 개념이다. 다음과 같은 예를 통하여 이를 이해해 보도록 하자.

(예) 예림주식회사가 액면가액 10,000인 사채를 액면이자율 10%(매년 말 이자지급)로 2005년 1월 1일에 발행하였다고 하자. 이 사채의 만기는 3년 후인 2007년 12월 31일이다. 사채발행시점의 시장이자율은 12%이다. 사채를 발행하기 위하여 사채발행비 500이 발생하였다.

사채의 발행가액은 시장이자율이 액면이자율보다 높으므로 할인발행이 이루어질 것이다. 사채의 발행가액은 사채의 미래 현금흐름을 시장이자율로 할인하여 구한 후 여기에서 사채발행비를 차감하여 구하게 된다.

$$\left[\frac{1{,}000}{(1+0.1)}+\frac{1{,}000}{(1+0.1)^2}+\frac{1{,}000}{(1+0.1)^3}+\frac{10{,}000}{(1+0.1)^3}\right]-500 = 9{,}756 - 500 = 9{,}256$$

이를 기초로 유효이자율을 계산하려면 사채발행가액 9,256과 사채의 미래 현금흐름의 현재가치가 동일해지도록 하는 이자율을 구하면 된다.

$$9{,}256 = \frac{1{,}000}{(1+r)}+\frac{1{,}000}{(1+r)^2}+\frac{1{,}000}{(1+r)^3}+\frac{10{,}000}{(1+r)^3}$$

$$r = 13.16\%$$

결국 유효이자율은 13.16%가 되어 시장이자율 12%와 차이가 난다.[44)]

이와 같이 유효이자율을 구한 후 이를 이용하여 발행차금의 상각을 하게 되는데 이는 구체적으로 다음과 같다.

사채의 기초장부가액 × 유효이자율 = 사채이자비용
사채이자비용 − 액면이자비용 = 차금 상각액

44) 일반적으로 책에서는 사채발행비가 없다고 가정하여 시장이자율과 유효이자율이 동일하다고 놓는 경우가 많은데 이는 문제를 단순화하기 위함이다. 따라서 본 책에서도 별도의 이야기가 없으면 시장이자율과 유효이자율은 동일한 것으로 가정한다.

장부가액이란 액면가액에서 발행차금을 가감한 후의 금액을 말한다. 액면가액은 변동하지 않으나 발행차금은 매년 상각액 만큼 감소하므로 매년 기초 장부가액은 변동하게 된다.

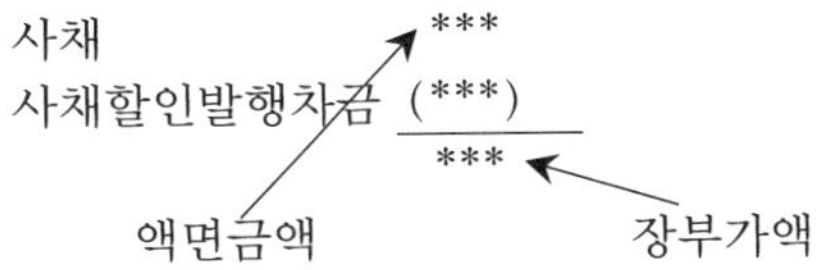

이와 같은 관계에서 사채를 발행한 시점의 장부가액은 발행가액과 동일하다는 것을 알 수 있을 것이다.

(3) 사채의 상환

73 사채는 만기가 되어 상환이 이루어지는 만기상환과 만기 중간에 상환이 이루어지는 조기상환이 있다. 만기상환의 경우에는 사채발행차금이 모두 상각되어 잔액이 0으로 되어 있을 것이므로 사채의 장부가액은 액면금액과 동일하다. 따라서 사채의 액면금액을 상환하면 사채의 상환과 관련된 손익은 발생할 여지가 없다.

(차) 사채 *10,000* (대) 현금 *10,000*

반면, 조기상환의 경우에는 상환시점의 상환대가가 액면금액이 아니다. 따라서 그 시점의 상환대가와 장부가액의 차이만큼 상환손익이 발생하게 된다. 주의할 점은 회계기간 중에 상환이 일어나게 되면 그 시점의 장부가액을 정확히 산출해야 한다는 점이다. 이를 위해 기초부터 상환시점까지 발행차금의 상각을 추가로 하여 정확한 장부가액을 구하고 이것과 상환대가와의 차이를 상환손익으로 인식하게 되는 것이다. 사채상환손익은 현행 기업회계기준에 의하면 상환시점이 속하는 기간의 영업외손익으로 인식하도록 하고 있다.

2. 장기차입금과 장기성매입채무

74 장기차입금(long term debt)은 만기가 1년 이후에 도래하는 차입금을 말한다. 이와 관련하여 발생하는 이자비용은 당기의 비용으로 처리되어야 할 것이다. 만약 본래 장기차입금으로 분류되었던 것이 기간이 경과하여 대차대조표일 현재 만기가 1년 이내에 도래하게 되면 이는 유동부채로 재분류하여야 한다.

장기성매입채무(long term trade payable)란 일반적 상거래에서 발생한 외상매입금 또는 지급어음 중 유동부채에 속하지 않는 장기의 채무를 말한다. 장기의 기간을 가지므로 이에 대해서는 현재가치로 평가가 이루어져야 한다. 이와 관련하여 발생하게 되는 현재가치할인차금은 기간의 경과에 따라 상각을 해주어야 하며 이는 이자비용으로 인식된다. 상각방법은 사채의 발행차금을 상각하는 것과 유사하다.

3. 장기충당부채

75 유동부채에서 설명한 충당부채 중 장기의 기간을 가지고 있는 부채를 장기충당부채로 분류한다. 대표적인 장기충당부채로는 퇴직급여충당부채와 장기제품보증충당부채가 있다. 장기충당부채는 미래 특정시점에 지출이 예정되어 있는 사항이나 그 발생 이유가 매 회계연도의 귀속분이 누적되어 온 것이므로 이를 발생주의 관점에서 매 회계연도마다 나누어 인식하게 된다. 가령 퇴직급여충당부채의 경우 임직원이 퇴직시 퇴직금을 지급하게 되나 이는 임직원의 그간의 노동력의 제공에 대한 대가이므로 퇴직금 지급시에 전액 비용으로 인식할 것이 아니라 노동력을 제공한 기간에 나누어 비용으로 인식하여야 한다는 것이다. 따라서 비용으로 매 회계연도에 인식하게 된 금액만큼 아직 실제로 지출이 이루어지지는 않았으므로 충당부채라는 부채항목을 동시에 설정하게 되는 것이다.

제 3 절 자본의 이해

Ⅰ. 개 요

76 지금까지 자산과 부채에 대해 상세히 살펴보았다. 이제부터 살펴볼 자본은 자산에서 부채를 차감한 나머지 부분을 나타내는데 이는 소유주지분을 의미한다. 일반적으로 기업의 경제적 자원은 채권자로부터 조달되는 부분과 소유주로부터 조달되는 부분으로 나뉘게 되는데 전자를 대차대조표상에서는 부채로 표시하고 후자를 자본으로 표시하게 된다. 자본은 크게 3가지 범주로 나누어 볼 수 있는데 첫째는 소유주와의 거래를 통해 생성된 부분, 두번째는 기업의 영업활동을 통해 창출된 부분, 마지막으로 포괄주의에 의해 인식되는 부분이 그것이다.

[**그림** 2-11] 자본의 분류

범주	자본의 분류	세부계정
자본거래활동	자본금	보통주자본금, 우선주자본금
	자본잉여금	주식발행초과금, 기타자본잉여금
	자본조정	자기주식, 주식할인발행차금, 배당건설이자, 주식매입선택권, 감자차손, 자기주식처분손실
영업활동	이익잉여금	법정적립금, 임의적립금, 미처분이익잉여금(미처리결손금)
포괄주의	누적기타포괄손익	매도가능증권평가차손익, 해외사업환산차손익, 현금흐름 위험회피 파생상품평가차손익

자본을 소유주지분이라고 하는데, 조직의 형태가 기업인지 아니면 개인기업인지 등에 따라 그 명칭이 각기 다르다. 본서에서는 가장 일반적인 주식회사를 기준으로 설명하기로 한다.

회계상 주주지분의 변동원천은 크게 보면 자본거래와 손익거래로 대별된다. 자본거래는 현재의 주주 또는 잠재적 주주와의 거래를 의미하며 이는 기업의 영업활동의 결과로서 발생하는 손익거래가 아니기에 이를 기초로 배당을 하는 것은 허용되지 않는다. 만약 이를 기초로 주주에게 현금을 지급하는 것은 일종의 자본의 환급에 해당한다. 자본거래와 관련하여 발생하게 되는 손익은 관련 손익과 우선적으로 상계한다. 만약 상계후에도 잔액이 남게 되는 경우에는 그 잔액이 이익이라면 자본잉여금으로 처리하고 손실이라면 자본조정으로 처리하게 된다.[45] 자본조정으로 처리된 경우에는 이후 이익잉여금의 처분으로 상각(주식할인발행차금)되던지 또는 결손금처리에 준해 상각(감자차손, 자기주식처분차손)하게 된다

손익거래는 자본거래 이외의 거래로서 이는 손익계산서에 반영되는 사항과 대차대조표에 직접 반영되는 사항으로 나뉜다. 손익계산서에 반영되는 사항은 당기순이익을 구성하게 되고 이는 결국 대차대조표상의 이익잉여금이라는 계정에 누적되어 간다. 반면, 손익거래 중 손익계산서를 거쳐 대차대조표의 이익잉여금계정으로 귀속되지 않고 직접 대차대조표상에 반영되는 사항은 두가지 형태가 있다. 먼저 대차대조표상 별도의 계정으로 분류되는 사항은 미실현손익으로서 정책적 목표나 기타의 이유로 이익잉여금으로 분류하기 어려운 경우이며, 이는 누적기타포괄손익으로 분류된다. 다른 하나는 이익잉여금 계정에 직접 반영을 하는 사항으로 회계정책변경누적효과와

45) 미국의 경우에는 상계후 남는 잔액이 손실일 경우 자본조정으로 처리하는 것이 아니라 이익잉여금계정에서 상계처리한다. 따라서 궁극적으로 손실잔액이 남는 경우가 없다. 미국이 이렇게 처리하는 이유는 이익잉여금의 처분권한이 이사회에 있기 때문이다. 그러나 한국은 이익잉여금 처분권한이 주주총회에 있기 때문에 남는 손실을 바로 이익잉여금계정과 상계하지 못하고 이후에 상계하게 되는 것이다. 결국 손실부분과 이익잉여금의 상계시점에만 차이가 있을 뿐이다.

전기오류수정손익이 이에 해당한다.

Ⅱ. 증 자

77 자본금은 1주당 액면금액에 발행주식총수를 곱한 금액으로 기록된다. 일상생활에서는 자본금과 자본이라는 용어가 혼용되고 있으나 회계학적으로는 전혀 다른 개념임을 주의해야 한다. 주식을 발행하게 되는 경우 액면금액보다 높게 발행하는 경우와 액면금액보다 낮게 발행하는 경우[46]가 있을 수 있는데 이에 대한 회계처리방법을 살펴보기로 한다.

먼저 액면금액보다 높은 금액으로 주식을 발행하였다면 그 초과액은 원칙적으로 주식발행초과금이라는 자본잉여금으로 처리한다. 가령 액면금액 5,000 주식을 8,000에 발행하였다면 다음과 같은 분개가 이루어진다.

(차) 현금(발행금액)	8,000	(대) 자본금(액면금액)	5,000
		주식발행초과금	3,000

반면 액면가액보다 낮은 금액으로 주식을 발행할 경우 액면미달액은 주식할인발행차금이라는 자본조정항목으로 계상하게 된다. 가령 액면 5,000의 주식을 2,000에 발행한 경우 다음과 같은 분개가 이루어진다.

(차) 현금(발행금액)	2,000	(대) 자본금(액면금액)	5,000
주식할인발행차금	3,000		

두 가지 경우 모두 자본거래와 관련된 회계처리의 기본원칙에 따라 관련

46) 상법 제417조에 의하면 원칙적으로 주식의 할인발행은 허용되지 않는다. 다만 예외적으로 회사설립일로부터 2년이 경과한 후에 주주총회의 특별결의를 거쳐 법원의 인가를 받은 경우에는 주식의 할인발행을 허용한다.

손익이 있으면 우선적으로 상계하여야 한다. 따라서 할증발행시에 주식할인발행차금이 존재하고 있다면 이를 우선적으로 상계하고 그러고도 남는 잔액이 있으면 비로소 주식발행초과금을 계상하게 된다. 할인발행시에도 마찬가지로 주식발행초과금이 존재하면 이것과 우선적으로 상계하고 남는 잔액이 있으면 이를 주식할인발행차금으로 계상하게 된다.

주식할인발행차금은 자본조정 항목으로 주식발행연도 또는 증자연도부터 3년 이내의 기간에 매기 균등액을 상각하여야 하고, 동 상각액은 이익잉여금 처분과정에서 미처분이익잉여금과 상계한다.

(차) 이익잉여금 *1,000* (대) 주식할인발행차금 *1,000*

3년 이내의 기간에 균등상각하여야 하므로 회계기간 중에 증자가 이루어 졌더라도 첫해 상각분은 1년분 전체를 상각하여야 한다. 또한 3년 이내의 기간이라고 규정하였으므로 처분할 이익잉여금만 충분하다면 발생연도에 전액 상각을 할 수도 있다.

한편 신주 발행과 관련하여 발생하는 신주발행비는 납입금액에서 차감 후 잔액을 발행가액으로 하여 회계처리하게 된다.

현물출자의 경우 해당 자산을 공정가액보다 높게 평가하는 경우 불입자본과 자산이 동시에 과대계상되어 혼수주식(watered stock)의 문제가 발생한다. 따라서 자본충실의 원칙관점에서 상법상 현물출자의 경우 법원의 심사를 받게 하고 있다.

Ⅲ. 감자(주식의 소각)

78 감자는 크게 유상감자(실질적 감자)와 무상감자(형식적 감자)로 나눌 수 있다.

유상감자는 취득가액과 주식의 액면가액을 비교하여 감자차손익을 결정하게 되는데 이때 주식발행초과금 등은 고려하지 않는다.[47] 먼저 유상감자를 위해 취득한 주식의 가액이 주식의 액면가액보다 작은 경우에는 감자를 하는 과정 중에 차익이 발생하게 되므로 이를 감자차익으로 계상하게 된다. 하지만 이를 바로 감자차익계정으로 계상하기 전에 감자차손계정을 살펴보아 만약 잔액이 있다면 우선적으로 이것과 상계한 후 그 차액만을 감자차익으로 계상하여야 한다. 한편 유상감자를 위해 취득한 주식의 가액이 주식의 액면가액보다 큰 경우에는 감자차손이 발생하게 된다. 이것도 감자차익과 우선적으로 상계한 후 차액이 있다면 비로소 감자차손으로 계상하게 된다. 감자차손은 자본조정항목 중의 하나인데 계상 이후 여타의 자본조정 항목과 마찬가지로 결손금처리에 준하여 처리하게 된다. 이 부분에 대해서는 'V. 자본조정'에서 보다 상세히 다루기로 한다.

무상감자는 주주에게 대가를 지급하지 않고 주당 액면가액을 감액하거나 주식수를 일정비율로 감소시키는 경우를 말한다. 이는 현금유출도 없고 감자전후의 자본총계도 동일하다는 점에서 유상감자와 차이를 보인다. 무상감자를 실시하는 목적은 결손금이 누적되어 있는 경우 이를 보전하기 위해서이다. 먼저 감소된 자본금(5,000)이 이월결손금(3,000)보다 크다면 감자차익이 발생하게 되며 이는 다음과 같은 분개를 통해 확인할 수 있다.

(차) 자본금	5,000	(대) 이월결손금	3,000
		감자차익	2,000

반면 감소된 자본금(5,000)이 이월결손금(7,000)보다 작다면 이는 여전히 결손금이 남아있게 되는 경우이므로 감자차손익이 발생할 여지가 없다.

47) 미국의 경우에는 취득가액과 주식의 최초발행가액을 비교하여 감자차손익을 결정하므로 주식발행초과금 등을 고려하게 된다.

(차) 자본금 5,000 (대) 이월결손금 5,000

Ⅳ. 자기주식(주식의 재취득)

79 기업이 자사의 주식을 취득하는 경우가 있는데, 회계상으로는 취득목적이 무엇인가에 따라 달리 처리하게 된다. 소각을 목적으로 취득하는 경우에는 소각시점에 유상감자로 처리를 하는 반면, 재발행을 목적으로 취득을 하게 되는 경우에는 자기주식[48]으로 처리하게 된다. 자기주식의 성격에 대해서는 자산으로 보는 견해와 자본의 차감계정으로 보는 견해가 대립된다. 이러한 자기주식에 대해 기업회계기준은 원가법에 기초하여 처리하도록 하고 있다. 원가법이란 자기주식을 이후 다시 처분한다는 전제하에 이루어지는 회계처리방법을 말한다. 따라서 다른 기업의 주식을 취득할 때와 마찬가지로 취득시점에는 취득원가로 자기주식을 기록하게 된다. 이후 자기주식을 처분하게 되면 취득가액으로 기록되어 있는 자기주식가액과 처분가액을 비교하여 처분손익을 인식하게 된다. 만약 취득하였던 자기주식을 소각하게 되면 취득가액과 액면가액을 비교하여 감자차익 또는 감자차손을 인식하게 된다. 이러한 회계처리방법을 요약하여 보면 다음과 같다.

	기업회계기준(원가법)
취득시	(차)자기주식(취득가) ** (대) 현금 **
처분시	[자기주식(취득가) 〈 처분가] → 이익 (차)현금 ** (대) 자기주식 ** 자기주식처분차익[49] ** [자기주식(취득가) 〉 처분가] → 손실 (차) 현금 ** (대) 자기주식 ** 자기주식처분차익 ** 자기주식처분차손[50] **

48) 이는 자본조정항목이다.

소각시	[취득가액 〈 액면가액] → 이익 (차) 자본금 ** (대) 자기주식 ** 감자차익 ** [취득가액 〉 액면가액] → 손실 (차) 자본금 ** (대) 자기주식 ** 감자차익 ** 감자차손 **

Ⅴ. 자본조정

80 자본조정이란 그 성격상 자본거래에 해당하나 최종 납입된 자본으로 볼 수 없거나 자본의 평가계정 성격이어서 자본금이나 자본잉여금으로 분류할 수 없는 항목을 말한다. 자본조정 항목은 크게 자본의 부가계정과 자본의 차감계정으로 나뉜다. 자본의 부가계정에 해당하는 것은 주식매수선택권,[51] 신주청약증거금, 출자전환채무 등이 있으며 이는 추후 주식발행가액으로 대체된다. 자본의 차감계정으로는 자기주식,[52] 배당건설이자,[53] 주식할인발행차금,[54] 자기주식처분차손, 감자차손[55] 등이 있으며, 이는 궁극적

49) 자본조정 항목이다.

50) 자본조정항목으로 결손금처리에 준하여 상각한다.

51) 주식교부형 주식매수선택권을 임직원에게 부여시 주식보상비용으로 인식한 금액을 말한다. 주식매수선택권의 권리행사시 주식발행가액으로 대체되고, 권리행사되지 않고 행사가능기간료시 기타자본잉여금으로 대체된다.

52) 소각시에는 자본금과 상계되고 처분시에는 해당 자기주식을 차감한다는 것을 앞서 살펴본 바 있다.

53) 상법상 회사설립후 2년 이내의 기간에 영업전부를 개시하기 불가능한 경우 연 5% 이내의 범위에서 법원의 인가를 얻어 주주들에게 배당이 가능한데 이를 배당건설이자라고 한다. 이는 배당이 아니라 자본의 환급에 해당하므로 자본조정으로 분류되는 것이다. 배당건설이자는 연 6% 이상의 이익 배당시 6%를 초과하는 금액만큼을 이익잉여금의 처분으로 상각함으로써 소멸하게 된다.

54) 주식할증발행차금과 우선상계하고 잔액은 이익잉여금의 처분으로 상각한다.

55) 자기주식처분차익, 감자차익과 우선상계하고, 잔액은 결손금처리에 준하여 상각한다.

으로 이익잉여금 등과 상계되어 소멸하거나 결손금처리에 준하여 상각됨으로써 소멸하게 된다.

Ⅵ. 이익잉여금

1. 개 요

81 이익잉여금(retained earnings; R/E)이란 기업이 영업활동을 통하여 창출한 이익 중 배당금 등으로 사외에 유출되거나 납입자본으로 대체되지 아니하고 기업 내부에 유보된 부분을 말한다. 이익잉여금계정은 손익계산서상의 당기순이익이 이체되는 계정이므로 손익계산서와 대차대조표를 연결하는 중요한 계정이라고 볼 수 있다. 이익잉여금은 법정적립금, 임의적립금, 미처분이익잉여금으로 세분된다. 본래 이익잉여금은 기업의 영업활동을 통해 축적된 과실이므로 주주에게 귀속되는 배당의 원천이라고 할 수 있다. 하지만 여러가지 이유로 이익잉여금의 무제한적 배당을 제한할 필요가 있다. 이처럼 기업외부로 유출되는 것이 제한되어 있는 이익잉여금을 별도로 구분하여 표시할 필요성이 생기게 되는데, 이를 회계에서는 '적립'한다는 말로 표현한다. 따라서 법정적립금은 기업의 재무상태를 건실하게 할 목적으로 법이 강제적으로 이익잉여금 중 일부를 적립(appropriation)하도록 하고 있는 부분이고, 임의적립금은 법이 강제하고 있지는 않으나 기업 자발적으로 이익잉여금의 일부를 적립한 것을 말한다. 결론적으로 이익잉여금은 사외유출이 가능한 부분과 가능하지 않은 부분으로 나뉘고, 다시 가능하지 않은 부분은 법적강제로 인한 것인지 아니면 기업 자의에 의한 것인지에 따라 세분되어 미처분이익잉여금, 법정적립금, 임의적립금으로 구분된다고 할 수 있다.

법정적립금을 구체적으로 살펴보면 이익준비금과 기타법정적립금으로 나뉜다. 이익준비금은 상법에 의하여 적립되는 것으로 매 결산기에 금전으로 배당한 금액의 1/10 이상을 자본금의 1/2에 달할 때까지 적립하여야 한다. 이익준비금은 결손보전과 자본전입 이외의 목적으로는 사용할 수 없도록 되어 있다. 기타법정적립금은 기타 법령에 의하여 의무적으로 적립하여야 할 적립금으로 대표적인 것은 상장법인재무관리규정에 의해 상장법인들에게 강제되는 재무구조개선적립금이 있다. 기타법정적림금 역시 이월결손금의 보전 또는 자본전입 이외의 목적으로는 사용할 수 없다.

임의적립금은 법정적립금과 달리 법령에 의하여 강제되는 것은 아니나 이익잉여금의 일부를 처분제한하고자 하는 목적으로 설정되는 적립금이다. 대표적인 임의적립금으로는 감채적립금, 사업확장적립금, 배당평균적립금, 결손보전적립금 등이 있다.

미처분이익잉여금은 법정적립금, 임의적립금으로 적립한 금액 이외의 잉여금을 말한다. 이는 구체적으로 보면 전기이월되어 온 이익잉여금, 당기순이익, 임의적립금 중 다시 이입되어 들어온 금액에서 자본조정항목의 상각을 위해 사용된 부분과 법정적립금 또는 임의적립금으로 적립된 금액, 배당을 차감한 후의 금액이라고 할 수 있다.

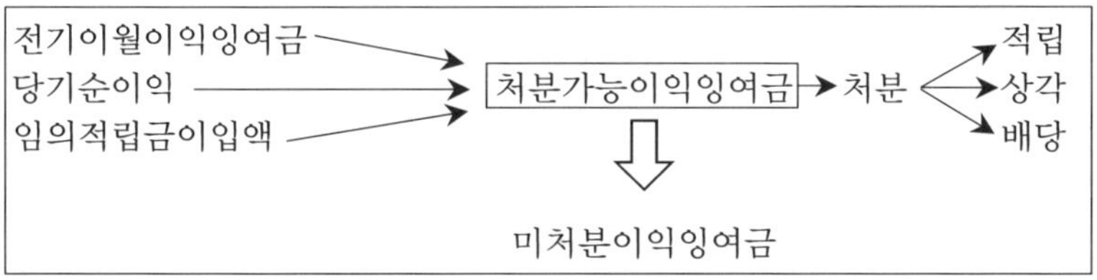

2. 이익잉여금처분계산서 및 자본변동표

82 현행 기업회계기준에 의하면 5대 재무제표는 대차대조표, 손익계산서, 현금흐름표, 이익잉여금처분계산서, 자본변동표로 구성된다. 이익잉여금처분계산서의 양식은 다음과 같다.

이익잉여금처분계산서

제 × 기	20××년×월×일부터 20××년×월×일까지	제 × 기	20××년×월×일부터 20××년×월×일까지
처분예정일	20××년×월×일	처분확정일	20××년×월×일

회사명 (단위: 원)

구 분	당 기	전 기
미처분이익잉여금	×××	×××
전기이월미처분이익잉여금		
(또는전기이월미처리결손금)		
회계정책변경누적효과		
전기오류수정이익		
(또는전기오류수정손실)		
수정후전기이월미처분이익잉여금	×××	×××
(또는전기이월미처리결손금)		
중간배당액		
당기순이익		
(또는당기순손실)		
임의적립금등의이입액	×××	×××
××적립금		
××적립금		
합계	×××	×××
이익잉여금처분액	×××	×××
이익준비금		
기타법정적립금		
주식할인발행차금상각액		
배당금		
현금배당		
주당배당금(율) 보통주: 당기 ××원(%)		
전기 ××원(%)		
우선주: 당기 ××원(%)		
전기 ××원(%)		
주식배당		
주당배당금(율) 보통주: 당기 ××원(%)		
전기 ××원(%)		
우선주: 당기 ××원(%)		
전기 ××원(%)		
사업확장적립금		
감채적립금		
…		
차기이월미처분이익잉여금	×××	×××

한편, 자본변동표는 한 회계기간 동안 발생한 소유주지분의 변동을 표시하는 재무보고서로서, 자본을 구성하고 있는 모든 항목들의 변동에 대한 포괄적인 정보를 제공하는 표이다. 자본변동표는 대차대조표상의 자본의 기초잔액과 기말잔액의 변동내역을 모두 표시함으로써 대차대조표, 손익계산서, 현금흐름표상의 회계정보와 연계하여 재무정보를 종합적으로 판단할 수 있으므로 회계정보의 유용성을 제고하는 역할을 한다. 더구나 자본변동표에는 손익계산서를 거치지 않고 직접 대차대조표의 자본부분에 가감되는 매도가능증권평가차손익, 해외사업환산차손익 등과 같은 항목들에 대한 정보도 제공되므로 기업의 포괄적인 손익을 파악하는 데에도 도움을 준다. 자본변동표의 양식은 다음과 같다.

자 본 변 동 표

제×기 20××년×월×일부터 20××년×월×일까지
제×기 20××년×월×일부터 20××년×월×일까지

회사명 (단위: 원)

구 분	자본금	자본 잉여금	자본조정	누적기타 포괄손익	이익 잉여금	총 계
20××.×.×(보고금액)	×××	×××	×××	×××	×××	×××
연차배당					(×××)	(×××)
기타 이익잉여금처분액					(×××)	(×××)
처분후 이월이익잉여금					×××	×××
회계정책변경 누적효과					×××	×××
전기오류수정손익					×××	×××
수정후 이월이익잉여금					×××	×××
중간배당					(×××)	(×××)
유상 증자(감자)	×××	×××				×××
당기순이익(손실)					×××	×××
자기주식 취득			(×××)			(×××)
해외사업환산차손익				(×××)		(×××)
20××.×.×	×××	×××	×××	×××	×××	×××
20××.×.×(보고금액)	×××	×××	×××	×××	×××	×××
연차배당					(×××)	(×××)
기타 이익잉여금처분액					(×××)	(×××)
처분후 이월이익잉여금					×××	×××
회계정책변경 누적효과					×××	×××
전기오류수정손익					×××	×××
수정후 이월이익잉여금					×××	×××
중간배당					(×××)	(×××)
유상 증자(감자)	×××	×××				×××
당기순이익(손실)					×××	×××
자기주식 취득			(×××)			(×××)
매도가능증권평가차손익				(×××)		(×××)
20××.×.×	×××	×××	×××	×××	×××	×××

03 재무제표의 분석

Accounting for Lawyer

제 1 절 기업의 분석기법

제 2 절 재무제표분석

제 3 절 기업의 유동성과 활동성을 위한 분석

제 4 절 기업의 성과와 수익성을 평가하기 위한 분석

제1절 기업의 분석기법

83 기업을 분석하는 방법에는 크게 기술적 분석(technical analysis)과 기본적 분석(fundamental analysis)이 있다. 기술적 분석이란 기업의 과거주가 및 이와 관련된 정보(패턴, 거래량 등)에 기초하여 미래주가를 예측하는 기법이다. 이에 반하여 기본적 분석이란 주가 이외의 근본적인 요소들에 기초하여 기업의 기본가치 혹은 내재가치(intrinsic)를 추정하는 방법이라고 할 수 있다. 기본적 분석은 현재의 주가가 항상 기업의 내재가치를 반영하고 있는 것은 아니라는 전제하에 이루어지는 것이라고 할 수 있다. 즉 효율적 시장가설이 성립된다고 보는 경우에는 이미 주가가 기업의 내재가치를 반영하고 있다고 보게 되므로 기본적 분석의 의미가 없다. 하지만 효율적 시장이 아니라고 한다면 주가가 기업의 내재가치를 온전히 반영하고 있지 못한 경우가 생기게 되므로 기본적 분석을 통하여 내재가치에서 벗어난 기업을 찾아낼 수가 있게 된다. 이 경우에도 주의할 점은 언젠가는 시장은 기업의 내재가치를 반영하게 된다는 전제를 깔고 있다는 점이다. 1960년대 이후 효율적 시장가설을 인정하였기에 기본적 분석에 대한 연구는 미미하였다. 그러나 1990년대 이후 들어 재무와 회계관련 연구들에서 효율적 자본시장에 반하는 연구결과들이 누적되어 오면서 기본적 분석에 대한 연구가 활발해지기 시작하였다.[1] 기본적 분석을 위한 자료는 회계자료와 비회계자료가 있으나, 가장 중요한 것은 재무제표 자료를 분석하는 재무제표분석(financial statement analysis)이라고 할 수 있다.

---

1) 대표적인 연구가 Ohlson(1995)의 연구로서 회계자료와 기업가치간의 관계를 명쾌히 제시하였다.

제 2 절 재무제표분석

84 제1장과 제2장에서 재무제표 작성을 위한 과정들에 대해 살펴보았다. 재무제표작성 과정에 대한 이해는 재무제표 작성을 위해 기업이 선택한 회계방법이 무엇인지 또 그러한 선택이 어떤 의미를 가지는지, 재무제표가 담고 있는 회계정보의 한계는 무엇인지 등에 대해 보다 폭넓은 접근을 가능하게 한다. 이러한 이해를 기초로 이번 장에서는 기업이 공시한 재무제표를 어떻게 분석할 수 있을 것인가에 대해 살펴 보기로 한다. 재무제표 분석의 목적은 해당 기업의 경영상태에 대해 파악하고 이를 토대로 기업의 미래에 대한 예측을 해봄으로써 여러 가지 의사결정에 유용한 정보를 산출해 내는데 있다. 재무제표 분석의 가장 대표적인 방법은 비율분석(ratio analysis)이다. 이는 재무제표의 각 항목들을 이용하여 재무비율을 산출하고 이를 기간간 혹은 기업간 비교를 통하여 재무상태와 경영성과를 분석하고 평가하는 기법이다. 하지만 이러한 재무비율이 단지 분석을 위한 하나의 유용한 도구일 뿐이지 절대적인 것은 아니라는 점은 명심해야 할 사항이다.

재무비율분석은 크게 기업의 재무상태평가를 위한 분석과 영업성과를 평가하기 위한 분석으로 나눌 수 있다. 재무상태 평가를 위해서는 대차대조표항목에 초점을 맞추어 비율을 산출하게 되고 이는 기업의 위험을 평가하는 지표로 기업의 위험도나 도산가능성 예측 등에 이용된다. 영업성과 평가를 위해서는 손익계산서항목에 초점을 맞추어 비율을 산출하게 되고 이는 기업의 수익성을 평가하는 지표로 이용된다. 이러한 비율을 요약하면 다음 표와 같다.

	비 율	산 식	내 용
재무상태 평가	유동성비율	유동비율: 유동자산/유동부채 당좌비율: 당좌자산/유동부채	단기채무 상환 능력측정
	레버리지 비율	부채비율: 부채/자본 자기자본비율: 자기자본/자산 이자보상비율: 영업이익/이자비용	장기부채에 대한 의존도 평가
	안정성비율	고정비율: 고정자산/자기자본 고정장기적합율: 고정자산/장기자본	조달자본을 어떤 자산에 배분하고 있는지를 나타내는 비율
영업성과 평가	활동성비율	재고자산회전율: 매출액/평균재고자산 매출채권회전율: 매출액/매출채권잔액 유형자산회전율: 매출액/평균유형자산	자산을 얼마나 효율적으로 활용하는지 평가
	수익성비율	총자본이익률: 순이익/평균자산 자기자본이익률: 순이익/평균자본 매출액순이익률: 순이익/매출액 주당순이익(EPS): 순이익/가중평균주식수 주가이익비율(PER): 주가/주당순이익	수익성평가

이제 이러한 재무비율분석을 보다 깊게 이해하기 위하여 다음과 같은 예를 이용하기로 한다.

(예) 예림주식회사의 대차대조표와 손익계산서는 다음과 같다.

대차대조표

제×기 2006년 12월 31일 현재
제×기 2005년 12월 31일 현재

회사명: 예림주식회사 (단위: 원)

		2005년	2006년
자산	유동자산:	1,984,800	2,329,200
	현금 및 현금등가물	288,000	576,000
	매출채권	624,000	753,600
	재고자산	708,000	651,600
	선급비용	201,600	222,000
	기타	163,200	126,000
	고정자산:	2,042,400	1,969,200
	투자자산	358,800	379,200
	토지	963,600	840,000
	건물-순액	720,000	750,000
	자산총계	4,027,200	4,298,400
부채	유동부채:	1,062,000	1,038,000
	매입채무	253,200	202,800
	단기차입금	80,400	24,000
	선급비용	728,400	811,200
	고정부채:	248,400	288,000
	사채	213,600	237,600
	장기차입금	34,800	50,400
	부채총계	1,310,400	1,326,000
자본	보통주자본금(주당 5,000)	360,000	360,000
	이익잉여금	2,356,800	2,612,400
	자본총계	2,716,800	2,972,400
	부채와 자본총계	4,027,200	4,298,400

손익계산서

제×기 2006년 1월 1일부터 2006년 12월 31일까지
제×기 2005년 1월 1일부터 2005년 12월 31일까지

회사명: 예림주식회사 (단위: 원)

	2005년	2006년
매출액	8,500,000	9,500,000
매출원가	5,200,000	5,500,000
매출총이익	3,300,000	4,000,000
판매비와 관리비:		
판매비	650,000	870,000
관리비	850,000	630,000
감가상각비	200,000	200,000
영업이익	1,600,000	2,300,000
이자비용	400,000	340,000
법인세비용차감전 순이익	1,200,000	1,960,000
법인세비용	300,000	400,000
당기순이익	900,000	1,560,000

제 3 절 기업의 유동성과 활동성을 평가하기 위한 분석

85 단기적으로 기업의 재무적 건전성은 만기 도래하는 채무에 대한 지급능력이 충분한가 여부로 판단할 수 있다. 기업이 영업활동을 하다 보면 단기적으로 현금을 창출할 수 있는 자산과 현금의 유출을 가져오는 부채를 보유하기 마련이다. 이를 각각 유동자산과 유동부채라 하는데, 만약 유동부채가 유동자산보다 월등히 많게 되는 경우 기업의 단기적 유동성에 문제가 제기되는 위험에 직면할 수 있다. 따라서 기업의 단기채무 상환능력에 대해 큰 관심을 갖고 있는 채권자나 금융기관 등에서는 기업의 유동성에 초점을 맞추어 기업을 평가하게 될 것이다. 기업의 유동성을 판단할 수 있는 자료

로는 다음과 같은 것들이 있다.

Ⅰ. 운전자본(working capital)

86 운전자본은 기업이 매일매일의 영업활동을 영위하기 위해 필요로 하는 자원의 규모를 측정한 것을 말한다. 일반적으로 이는 유동자산에서 유동부채를 차감한 금액으로 표현된다.

운전자본 = 유동자산 - 유동부채

운전자본이 지나치게 작은 경우에는 만기가 도래하는 부채를 상환할 수 없는 위험에 직면하고 동시에 기업의 영업활동을 영위하는데 문제가 생길 것이다. 그렇다고 운전자본이 무조건 클수록 좋다는 뜻은 아니다. 만약 운전자본이 지나치게 크다면 이는 기업이 자원을 더 생산적인 곳에 투입하지 못하여 이를 효율적으로 사용하지 못하고 있음을 뜻하기 때문이다. 그렇다면 어느 정도의 운전자본을 유지하는 것이 적정할 것인가? 가령 예에서 예림주식회사의 2006년 12월31일자의 운전자본은 1,291,200[2]인데, 이것이 적정한 운전자본이라고 말할 수 있는가? 단지 운전자본 금액 자체만 가지고 운전자본이 지나치게 높은지 혹은 지나치게 낮은지에 대해 판단하기란 어려운 일이다. 따라서 운전자본의 적정여부를 판단하기 위한 기준이 필요한데 이때 주로 이용되는 것은 운전자본과 매출액을 비교하는 방법이다. 즉, 매출액 대비 운전자본의 비율이 어느 정도인지를 살펴봄으로써 운전자본의 적정성 여부를 판단하는 것이다. 일반적으로 저가의 물건들을 판매하는 소매업종의 경우에는 매출액의 10~15% 정도, 항공기나 배 등과 같이 고가의 제품을 제조하는 산업의 경우에는 25~35% 정도가 적정한 운전자본이라고 본다.

2) 유동자산 2,329,200 - 유동부채 1,038,000 = 1,291,200

예림주식회사의 경우 운전자본은 매출액의 13.59%에 해당하는데, 이는 예림주식회사가 소매업종의 회사라면 적정한 수준이라고 볼 수 있을 것이다. 이때 판단의 정확도를 높이기 위해서는 단순히 당해 회사의 비율만 살펴볼 것이 아니라 동종업계의 유사한 다른 기업의 비율과 비교를 하는 것도 유용한 방법이다.

Ⅱ. 유동비율(current ratio)

87 기업의 유동성을 파악하기 위한 가장 일반적인 방법은 유동자산과 유동부채간의 비율을 이용하는 방법이다. 이는 단기부채에 대하여 이를 상환할 수 있는 재원인 유동자산의 상대적인 규모를 측정하는 것이라고 할 수 있다. 앞서의 운전자본이 단순히 유동자산과 유동부채간의 차액에 해당하여 이 수치 자체만으로는 적정성을 판단하기에 어려움이 있는데 반해, 유동비율은 그 수치 자체가 의미가 있다.

유동비율 = 유동자산 / 유동부채

여기서 유동자산이란 1년 혹은 정상적인 영업활동주기 내에 현금화되는 자산이고, 유동부채는 마찬가지로 동일기간 내에 상환해야 할 부채이다. 유동비율이란 유동자산으로 유동부채를 상환할 수 있는 정도를 나타내므로 기업의 단기채무에 대한 지급능력을 나타낸다고 볼 수 있다. 예림주식회사의 2005년도와 2006년도의 유동비율을 구해보면 다음과 같다.

	2005년	2006년
유동자산	1,984,800	2,329,200
유동부채	1,062,000	1,038,000
유동비율	186.9%	244.4%

먼저 2005년도의 유동비율은 186.9%로서 이는 2006년도에 만기도래하는 채무 1원당 이를 커버할 수 있는 유동자산 1.869원이 있음을 의미한다. 같은 논리로 2006년도의 유동비율 224.4%는 2007년도에 만기 도래하는 채무 1원당 2.244원의 유동자산이 이를 커버할 수 있음을 의미한다. 이에 비추어 예림주식회사의 경우 2005년과 2006년 모두 단기채무에 대한 지급능력이 양호함을 알 수 있다. 일반적으로 유동비율이 200% 이상이면 양호하다고 판단한다.[3)]

그렇다면 유동비율이 무조건 높을수록 좋은 것인가? 채권자의 입장에서는 유동비율이 높을수록 좋겠지만 기업의 입장에서는 반드시 그렇다고 할 수는 없다. 왜냐하면 유동비율이 높다는 것은 그만큼 자산을 비효율적으로 이용하고 있다는 의미도 되기 때문이다. 예를 들어 기업이 일정자금을 만기가 장기인 예금에 가입하는 대신 단기인 예금에 가입하는 것을 가정해 보자. 단기 예금을 드는 경우에는 유동자산이 증가되어 기업의 유동비율이 높아지기는 하겠지만 장기예금을 들었더라면 올릴 수 있었던 보다 많은 이자수익을 상실하게 되는 문제가 발생한다. 따라서 유동비율의 적정성을 평가하기 위해서는 이후에 설명할 자산효율성을 나타내는 활동성비율을 동시에 고려할 필요가 있다. 반면, 유동비율이 100% 혹은 그 이하로 떨어지게 되는 경우는 단기채무에 대한 지급능력이 취약함을 나타내므로 기업의 유동성에 대해 좀더 면밀한 조사를 할 필요가 있다.

한편 유동비율의 해석과 관련하여 주의할 점들이 있다. 먼저 연말에 측정된 유동비율은 연중 유동성을 의미하는 것이 아니라는 점이다. 즉, 기말에 집중하여 유동비율을 좋게 하기 위한 행위를 함으로써 유동비율을 매우 양호하게 만들 수도 있음에 유의하여야 한다.[4)] 두번째로 유동자산에 포함되어

3) 우리나라기업들의 유동비율은 약 90%, 미국기업의 경우 약 140% 정도로 알려져 있다.

4) 가령 받을어음을 할인받아 이를 이용하여 단기차입금을 상환하는 경우 유동비율을 높일 수 있다.

있는 매출채권의 회수가능성이 없거나 재고자산의 판매가능성이 희박한 경우 등 유동자산에 문제가 있는 경우에는 유동비율의 의미가 퇴색된다는 점이다.

Ⅲ. 당좌비율(quick ratio)

88 유동비율을 산정하기 위하여 이용되는 유동자산은 1년 혹은 정상영업활동주기 내에 현금화될 것으로 기대되는 자산이라고 하였다. 그런데 이러한 유동자산 내에서도 보다 손쉽고 빨리 현금화되는 자산이 있는 반면 상대적으로 현금화되기가 어렵거나 긴 시간을 요하는 자산들이 혼재해 있을 수 있다. 따라서 기업의 유동성을 판단하는데 있어 유동자산 내에서도 현금화하기가 가장 쉽고 단기간 내에 이루어질 것으로 기대되는 자산만을 이용하여 비율을 산정해 보는 것도 의미가 있을 것이다. 가령 기업의 특성상 재고자산의 판매과정이 길고 현금화하는데 오랜 시간이 소요된다면 이를 기업의 유동성을 판단하는 비율산정에 산입하는 것이 바람직하지 않을 수도 있다. 또한 선급비용 같은 유동자산은 보험료 등을 미리 납부한 것이므로 이를 다시 현금화하여 단기채무 상환에 이용한다는 가정은 자연스럽지 못하다. 이러한 점을 고려하여 현금 및 예금, 유가증권, 매출채권과 같은 당좌자산만을 이용하여 비율을 산정하기도 하는데 이를 당좌비율이라고 한다.

당좌비율 = 당좌자산 / 유동부채

당좌비율은 유동비율보다 더 단기간내에 현금화될 수 있는 자산만을 이용하여 산출되므로 기업의 초단기 지급능력을 판단하는데 매우 유용하다. 일반적으로 당좌비율이 100% 이상이면 적정한 것으로 판단한다.

예림주식회사의 당좌비율을 구해보면 다음과 같다.

	2005년	2006년
당좌자산	288,000+624,000	576,000+753,600
유동부채	1,062,000	1,038,000
유동비율	85.9%	128.1%

예림주식회사의 유동비율이 2005년과 2006년 모두 양호하고, 당좌비율도 2006년은 양호함에 비하여 2005년의 당좌비율은 다소 문제가 있어 보인다. 2005년도의 유동비율이 비교적 양호함에도 불구하고 당좌비율이 다소 문제가 있어 보이는 이유는 앞서 지적한 바와 같이 재고자산 등의 비중이 높기 때문으로 풀이된다. 단기채무를 재고자산으로 직접 상환할 수는 없는 일이기에 예림주식회사의 2005년도 유동성은 일말의 불안함이 보인다. 하지만 2006년도에 들어와 유동비율과 당좌비율 모두 지극히 양호함에 비추어 이러한 유동성 문제는 해소된 것으로 판단할 수 있겠다.

지금까지 살펴본 바에 의하면 기업의 유동성을 판단하기 위해 이용하는 유동비율과 당좌비율을 산정함에 있어 그 구성항목인 유동자산의 성격이 어떠한지 세밀히 판단하는 것이 매우 중요함을 알 수 있었다. 그렇다면 유동자산을 당좌자산과 비당좌자산으로 나누어 당좌비율을 산출해 낼 때 당좌자산의 구성항목들은 모두 단기채무의 상환에 적합한 항목들인가? 현금 및 예금의 경우에는 의문의 여지 없이 단기채무 상환에 가장 적합한 자산이라고 할 수 있다. 유가증권의 경우에도 상장기업이 발행한 유가증권의 경우에는 비교적 손쉽게 현금화하여 단기채무 상환에 이용될 수 있을 것이다. 그런데 매출채권의 경우에는 좀 생각해 볼 필요가 있다. 재고자산과 마찬가지로 매출채권을 직접 단기채무 상환에 사용하기는 어려울 것이다. 따라서 매출채권의 회수기간 및 회수능력 등이 어떠한지에 따라 실질적인 기업의 유동성이 달라질 수 있음을 고려해야 한다. 기업의 현금이 재고자산으로 전환되고, 재고자산이 판매되어 매출채권으로 전환된 후, 매출채권이 다시 현금으로 전환되는 평균기간을 기업의 영업순환주기(operating cycle)라고 하는데, 이를 고려하여 기업의 유동성을 종합적으로 평가하는 것도 바람직하다. 이하에서는 이에 대해 좀 더 상세히 살펴보기로 한다.

Ⅳ. 재고자산회전율

89 재고자산이 유동자산으로 분류되는 이유는 일반적으로 그 다음 회계연도 내에 판매 가 이루어질 것으로 기대되기 때문이다. 하지만 재고자산이 판매되기까지의 기간은 기업마다 각기 다를 것이기에 이를 측정해 봄으로써 재고자산이 기업의 유동성에 얼마나 도움을 줄 수 있는지를 보다 심도있게 고려해 볼 필요가 있다. 이때 이용되는 비율이 바로 재고자산회전율이다. 재고자산회전율은 한 회계기간 동안의 매출원가와 한 회계기간 동안의 평균재고자산간의 관계를 파악함으로써 산출해 낼 수 있다.

$$\text{재고자산회전율} = \frac{\text{매출원가}}{(\text{기초재고자산} + \text{기말재고자산})/2}$$

재고자산회전율은 기업이 한 회계기간 동안 몇 번이나 평균 보유 재고자산을 모두 판매하고 새로이 재고자산을 들여왔는지를 알 수 있게 해준다. 당해연도의 대차대조표에 나타나 있는 재고자산은 대차대조표일 현재 기업이 보유하고 있는 재고자산 금액을 나타내므로, 기업이 한 회계기간 동안 평균적으로 어느 정도의 재고자산을 보유하고 있었는지를 알기 위해서는 매일매일의 재고자산 금액을 더하여 이를 365일[5]로 나눔으로써 구할 수 있다. 하지만 현실적으로 기업의 매일 매일의 재고자산 금액 정보를 입수하기란 회사 외부의 제 3자 입장에선 불가능 하다. 따라서 그 대안으로 직전연도

5) 회계연도가 1년인 경우를 가정한다.

의 대차대조표상 재고자산금액-이는 당해연도 기초재고자산이다-과 당해연도의 대차대조표상 재고자산금액-이는 당해연도의 기말재고자산이다-을 이용하여 평균 재고자산금액을 구하게 되는 것이다. 매출원가는 한 회계연도 동안 판매된 재고자산의 원가이므로 이를 평균재고자산으로 나누게 되면 1년 동안 과연 몇 회의 재고자산 회전이 이루어졌는지를 알 수 있게 된다. 예림주식회사의 경우 2006년도의 재고자산회전율을 구해보면 다음과 같다.

5,500,000 / [(708,000 + 651,600)/2] = 8.09

이는 1년 동안 평균 8.09회의 재고자산 회전이 이루어 졌음을 나타낸다. 즉 예림주식회사는 679,800[6]의 재고층을 보유한 후 이를 모두 판매하고 다시 동일 금액의 재고층을 들여와 판매하는 형태를 가정했을 때 679,800의 재고자산을 한 회계연도 동안 8.09회 팔았다는 의미가 된다.

재고자산회전율을 기초로 평균재고자산이 어느 정도의 기간 내에 모두 판매되는지를 계산해낼 수 있다. 즉 한 회계연도의 일수 — 일반적으로 365일 — 를 재고자산회전율로 나누게 되면 재고자산 1회전에 걸리는 기간을 알 수 있다. 예림주식회사의 경우는 약 45일[7]이 걸리는데 이는 비교적 유동성이 높다고 할 수 있다. 결론적으로 기업의 유동성을 파악하는 유동비율 및 당좌비율과 더불어 재고자산회전율을 동시에 고려함으로써 보다 정확한 기업의 유동성을 파악해 낼 수 있을 것이다.

한편, 재고자산회전율은 기업의 유동성 파악에 이용되는 것과 별도로 재고자산이 적정수준으로 잘 관리되고 있는지를 파악하는 데에도 이용될 수 있다. 일반적으로 재고자산의 회전기간이 길면 길수록 기업에게는 여러가지로 불리한 면이 발생한다. 재고자산을 유지하는데 들어가는 비용이 증가되며, 시장상황에 따라 판매가격이 떨어질 위험에도 직면할 수 있다. 또한 재

6) (708,000+651,600) / 2

7) 365 / 8.09 = 45.1

고자산의 감모가 발생할 가능성도 증대되며, 재고자산이 현금화되기까지 기간이 길어짐에 따라 보다 생산성 높은 투자에 투자할 기회도 상대적으로 감소된다. 그렇다면 재고자산회전율은 높으면 높을수록 좋은 것일까? 반드시 그렇다고는 할 수 없다. 기업의 유동성 측면과는 별개로 재고자산회전율이 너무 높으면 재고자산의 보유가 매우 작다는 것을 뜻하므로 긴급한 수요에 적절히 대응하지 못하여 매출의 증대에 걸림돌로 작용할 수도 있다. 따라서 동일산업 내의 유사한 기업의 재고자산회전율을 비교평가함으로써 적정 수준의 재고자산회전율을 유추해 낼 필요가 있다. 단, 타기업의 재고자산회전율과 비교할 때 유의할 점이 있다. 기업이 재고자산을 평가할 때 어떤 방법을 선택했는지를 고려할 필요가 있는 것이다. 가령, 선입선출법을 채택한 기업과 후입선출법을 채택한 기업의 재고자산회전율을 단순 비교하는 것은 무의미하다. 일반적으로 인플레이션이 발생하는 경제상황하에서는 다른 모든 상황이 동일하다고 가정할 때 선입선출법을 채택하는 기업보다 후입선출법을 채택하는 기업의 재고자산 금액이 작게 보고된다. 이는 상대적으로 보다 높은 재고자산회전율을 가져올 것이므로 이러한 점을 고려하여 비교평가 하여야 한다. 기업이 재고자산평가방법으로 어떤 방법을 선택했는지는 주석사항에서 확인할 수 있다.

재고자산회전율에 대해 평가할 때 한 가지 더 유의할 사항은 해당 기업이 영위하는 사업의 성격이 계절적 영향을 많이 받는지 여부이다. 아이스크림을 파는 회사라든지 에어콘을 파는 회사 등은 여름철에 매출이 매우 높을 것이고, 모피나 난방기구 등을 파는 회사는 겨울철 매출이 매우 높을 것이다. 이러한 회사들의 경우에는 평균재고자산을 구할 때 기초재고자산과 기말재고자산을 이용하는 것은 부적절하다. 따라서 이런 경우에는 월별 재고자산금액을 이용한다든지 아니면 분기별 재고자산 금액을 이용하는 것이 바람직하다.

Ⅴ. 매출채권회전율(Accounts Receivable Turnover Ratio)

90 유동자산 중 매출채권에 대해서도 재고자산의 경우와 마찬가지로 그 유동성을 보다 심도있게 파악해 볼 필요가 있다. 매출채권이 발생된 후 얼마의 기간에 현금화 되는지를 알기 위해서는 우선 매출채권회전율을 알아야 한다. 매출채권회전율이란 재고자산회전율과 유사한 개념으로 한 회계연도 동안 평균매출채권금액이 몇 회나 회전되는지를 나타내준다. 매출채권회전율을 구하기 위해서는 한 회계연도 동안 발생한 신용매출액(credit sales)을 평균매출채권금액으로 나누면 된다.

매출채권회전율 = 신용매출액 / [(기초매출채권 + 기말매출채권)/2]

매출채권회전율을 구한 후 회계연도 일수 — 일반적으로 365일 — 를 회전율로 나누게 되면 매출채권이 1회전 되는데 걸리는 기간을 구할 수 있다. 이는 매출채권이 발생된 후 평균적으로 얼마의 기간 후에 현금으로 회수되는지를 알 수 있게 해주는데 이를 매출채권 회수기일이라고 한다.

매출채권회전율을 구하는 것과 관련하여 한가지 문제가 있다. 대부분의 기업들이 현금매출액과 신용매출액을 구분하여 공시하지 않기 때문에 신용매출액을 손익계산서상에서 직접 구하기가 어렵다는 점이다. 따라서 정확한 매출채권회전율을 구하기가 쉽지 않다. 하지만 매출채권회전율을 구하는 이유가 기업의 유동성과 매출채권의 적정관리 여부를 파악하기 위한 것이므로 일반적으로 신용매출액 대신 손익계산서상에서 구할 수 있는 매출액을 대용치로 이용한다. 매출액을 신용매출액의 대용치로 이용하여 예림주식회사의 2006년 매출채권회전율을 구해보면 다음과 같다.

9,500,000 / [(624,000 + 753,600)/2] = 13.79

예림주식회사의 매출채권회전율이 13.79이므로 매출채권회수기일은 다음과 같이 구해진다.

365 / 13.79 = 26.5

이는 예림주식회사의 평균 매출채권회수기일이 약 26일이라는 것을 나타내 준다. 이에 비추어 예림주식회사의 매출채권이 매우 유동적임을 알 수 있다. 단, 재고자산회전율에서와 마찬가지로 매출채권회전율 및 회수기일을 동종산업 내의 유사 기업과 비교해 보는 것이 기업의 유동성을 파악하는데 보다 도움을 준다.

매출채권회수기일과 관련하여 한가지 유념할 사항은 기업의 신용매출과 관련된 정책을 고려하여 이를 평가하여야 한다는 점이다. 가령 기업이 신용매출을 한 후 대금납부기한을 30일로 부여하는 경우에는 26일의 회수기일은 채권회수 관리가 적정함을 나타내지만, 대금납부기한을 15일로 부여한 경우에는 채권회수업무에 문제가 있음을 나타낸다.

Ⅵ. 부채비율(debt-to-equity ratio)

91 부채비율은 기업의 장기적 안정성을 파악하는데 이용되는 비율이다. 기업의 채무가 많을 경우 원금 및 이자부담이 증가하여 기업의 존속에 심각한 위협을 줄 수 있으므로 부채비율을 통하여 이러한 정도를 파악해 내는 것은 매우 유용하다. 부채비율을 산정하는 방식은 부채에 포함되는 범위를 장기부채만으로 한정할 것인가 아니면 단기부채도 포함할 것인가와 부채에 대비되는 자본(equity)을 어떻게 볼 것인가에 따라 여러가지 유형으로 나뉜다. 가장 일반적인 산식은 기업의 모든 부채 즉, 단기부채와 장기부채를 모두

합한 금액을 주주지분(=자본)으로 나누어 구하는 것이다.

부채비율 = 부채 / 주주지분(자본)

부채비율이 몇 %가 적정한 것인가 하는 문제는 기업의 최적자본구조가 존재하느냐 하는 문제와 동일선상에 있다. 따라서 최적부채비율을 산정하기란 어려운 점이 있다. 하지만 우리나라의 경우 IMF 이후 높은 부채비율이 기업의 부실을 초래하였다는 인식에 따라 재벌기업들에게 200% 이하의 부채비율을 요구한 적이 있는데, 이는 그 근거가 미약하다고 하겠다. 참고로 미국의 경우 1980년대에는 700% 정도가 일반적이었으나, 1990년대에는 300%, 근래에는 150% 정도가 일반적이라고 알려져 있다.

제 4 절 기업의 성과와 수익성을 평가하기 위한 분석

92 지금까지 기업의 유동성과 활동성을 나타내는 지표들에 대해 알아보았다. 이들 지표들은 기업의 유동성과 자산 및 부채의 관리가 적절히 이루어지고 있는지에 대해 판단할 수 있게 해주었다. 이제 기업의 수익성을 판단할 수 있는 지표들에 대해 살펴보기로 한다.

Ⅰ. 매출액영업이익률(Profit Margin)

기업의 영업성과를 판단하기 위한 가장 기본적인 방법은 주된 영업활동을 통하여 창출해 낸 이익이 어느 정도인가를 살펴보는 것이다. 이는 손익계산서상의 영업이익(operating income)을 살펴봄으로써 알 수 있다. 예림주식회사의 경우 2006년도에 2,300,000의 영업이익을 올렸음을 알 수 있다. 손실이 아니므로 일견 양호한 영업성과를 올린 것으로 판단할 수도 있다. 하지만 단지 이 숫자만으로는 기업의 영업성과가 양호한지 여부를 단정짓기란 매우 어렵다. 따라서 영업이익의 적정성 여부를 판단하기 위한 방안으로 영업이익과 특정지표간의 관계를 살펴보게 되는데, 이때 주로 이용되는 지표가 순매출액(net sales)이다. 영업이익이 기업의 순매출액(net sales) 수준에 비하여 적정한지 여부를 검토함으로써 영업이익의 질을 파악하는 것이다. 이를 영업이익률이라고 한다.

영업이익률 = 영업이익 / 순매출액

예림주식회사의 영업이익률을 구해보면 다음과 같다.

	2005년	2006년
영업이익	1,600,000	2,300,000
순매출액[8]	8,500,000	9,500,000
영업이익률	18.8%	24.2%

일반적으로 한국과 미국의 영업이익률이 6~8%로 알려져 있는 것에 비추어 보면 예림주식회사의 영업이익률은 매우 양호하다고 할 수 있다. 더구나 위 표에서 알 수 있듯이 예림주식회사의 영업이익률은 상승추세에 있다. 영업이익률이 상승추세에 있는지 아니면 하향추세에 있는지는 기업의 효율성(efficiency)을 판단하는데 주요한 역할을 하는데, 이에 비추어 예림주식회사는 영업의 효율성이 증대되고 있다고 볼 수 있다. 다만, 이러한 상승추세가 영업의 효율성 제고에 의해서만 이루어진 것이라고 속단하는 것은 위험할 수 있다. 영업의 효율성과는 무관하게 시장의 상황이 좋아져 이러한 추

8) 예림주식회사의 순매출액과 매출액은 동일한 것으로 가정한다.

세가 나타날 수도 있기 때문이다. 시장상황이 좋아진 것에 의해 이러한 상승추세가 나타난 것이라면 다른 경쟁기업에게도 마찬가지 상황이었을 것이므로 이를 예림주식회사만의 장점으로 판단할 수는 없는 것이다. 따라서 이러한 판단의 오류를 방지하기 위해서 유사기업과의 비교분석을 병행해야만 한다. 더불어 손익계산서상의 주요항목들에 대해 추세분석을 병행하는 것도 이러한 판단을 하는데 도움을 준다. 이하에서는 추세분석에 대해 좀더 상술하기로 한다.

Ⅱ. 추세분석

94 추세분석(trend analysis[9])은 기업의 시간변화에 따른 재무상태의 변화추세를 파악하는데 유용하다. 이는 두 가지 방법으로 가능한데, 하나는 기준연도의 계정금액을 100으로 놓고 이후 비교연도의 각 계정과목 금액비중을 나타내는 방법이고, 다른 하나는 각 연도의 매출액을 100%라고 할 때 매출원가, 영업이익, 당기순이익 등이 매출액 대비 몇 %에 해당하는지를 파악하는 방법이다. 추세분석은 대차대조표와 손익계산서 모두에 대하여 행할 수 있으나 기업의 성과분석과 관련하여 보다 관심을 두어야 할 것은 손익계산서에 대한 추세분석이다. 손익계산서에 대한 추세분석을 실시함에 있어 특히 주목해서 봐야 할 부분은 각종 비용(expense)들이 어떤 변화를 보이고 있는가 이다. 이에 대한 세밀한 분석없이 단순히 이익의 증가만에 초점을 맞추어 기업의 성과를 판단한다면 자칫 오류를 범할 가능성이 있다. 가령 연구개발비(R&D)가 크게 감소한 경우 영업이익이 대폭 증가하는 효과를 가져올 수 있으나 이를 기업의 성과가 향상되었다고 단정지을 수는 없다. 오히려 이러한 경우에는 향후 기업의 성장능력에 의문이 제기될 수도 있는 것이다. 더불어 특별손익항목에도 주의를 기울여야 한다. 이는 매년 발생하

9) 이를 variation analysis라고 부르기도 한다.

는 항목이 아니라 일회적인 성격이 강하므로 이에 의해 당기순이익의 추세 등이 큰 영향을 받을 수도 있다. 가령 고정자산처분이익이 계상되어 당기순이익이 큰 폭으로 증가되었다고 하더라도 이를 기업의 성과가 상승추세에 있는 것으로 단정하여 해석할 수는 없다는 것이다. 따라서 이를 고려하여 추세분석을 행하여야 한다.

예림주식회사에 대해 추세분석을 해보면 다음과 같다.

	2005년	2006년
매출액	8,500,000(100%)	9,500,000(100%)
매출원가	5,200,000(61%)	5,500,000(58%)
영업이익	1,600,000(19%)	2,300,000(24%)
당기순이익	900,000(11%)	1,560,000(16%)

이에 따르면 예림주식회사의 경우 안정적인 성장이 이루어지고 있는 것으로 파악할 수 있다.

Ⅲ. 이자보상비율

95 이자보상비율(interest coverage ratio)은 대차대조표상에서 구할 수 있는 비율인 부채비율과 매우 유사한 기능을 하는 것으로 타인자본사용에 따른 지급이자의 지급능력을 파악하는데 사용되는 비율이다. 즉, 영업이익으로 이자비용의 몇 배를 지급할 수 있는지 알아보는 비율로 이것이 높을수록 안전도가 높다고 본다.

이자보상비율 = 영업이익 / 이자비용

이자보상비율을 다른 각도에서 해석한다면 이자부담이 발생하는 차입금을 투자하여 얼만큼의 이익을 창출해 낼 수 있는가 하는 것이므로, 이를 통하여 기업의 성과와 수익성 등을 파악해 볼 수 있다.

예림주식회사의 경우 이자보상비율은 다음과 같다.

	2005년	2006년
영업이익	1,600,000	2,300,000
이자비용	400,000	340,000
이자보상비율	400%	676%

일반적으로 이자보상비율이 300% 이상이면 양호하다고 보는데 비추어 예림주식회사는 매우 양호하다고 하겠다.

Ⅳ. 재무비용보상비율(Fixed Charge Coverage Ratio)

96 이자보상비율은 영업이익으로 지급이자를 충분히 부담할 수 있는지를 파악하는 것으로 기업의 채무지급능력을 평가하고자 하는 것이었다. 그러나 고정적인 재무비용에는 이자비용 이외에 리스료와 임차료 등도 있다. 이러한 고정재무비용을 모두 고려한 것이 재무비용보상비율로서 이는 이자보상비율에 비하여 보다 보수적인 비율이라고 볼 수 있다.

재무비용보상비율 = 영업이익 / (이자비용 + 리스료 + 임차료 등)

Ⅴ. 주당순이익(Earnings Per Share; EPS)

97 앞서의 비율분석들이 시간의 흐름에 따른 기업의 상대적 효율성 등을 파악하는데 이용된다면, 주당순이익 분석은 기업이 주주들을 위하여 실질적

으로 얼마의 이익을 창출해 내고 있는가를 살펴보는데 이용된다. 주당순이익은 기업의 당기순이익을 해당 회계연도의 가중평균주식수로 나누어 산출한다. 이는 주식 한 주에 할당되는 이익을 표현한 것으로 주식의 가치를 평가하는데 핵심적인 역할을 한다.

주당순이익(Earnings per share; EPS) = 당기순이익 / 가중평균주식수

여기서 가중평균주식수는 기업이 회계연도 중에 추가로 발행한 주식과 재매입한 주식수[10) 등을 가중평균하여 구하게 된다. 예를 들어 특정 회계연도의 매월 말 주식수가 변동된 경우 가중평균주식수는 다음과 같이 구한다.

월	발행주식수
1	10,000
2	10,000
3	10,000
4	12,000
5	12,000
6	12,000
7	12,000
8	9,000

가중평균주식수 =

$$[10,000\times\frac{3}{12}]+[12,000\times\frac{4}{12}]+[9,000\times\frac{3}{12}]+[10,000\times\frac{2}{12}]=8,750$$

주당순이익을 계산하는데 고려해야 될 사항이 두 가지가 있다. 하나는 기업이 우선주를 발행한 경우에 우선주도 포함하여 주당순이익을 계산할 것인가와 다른 하나는 주식으로 전환할 수 있는 권리가 부여된 경우를 가중

10) 이를 자기주식이라라고 한다.

평균주식수를 계산할 때 포함시킬 것인지 여부이다. 먼저 우선주의 경우에는 보통주와 다른 성격을 지니고 있는 점을 고려하여 주당순이익을 계산할 때 우선주와 관련된 사항을 공제하고 산정하는 것이 일반적이다. 이 경우 산식은 다음과 같다.

$$주당순이익 = \frac{당기순이익 - 우선주배당금}{보통주가중평균주식수}$$

전환사채 등과 같이 보통주로 전환할 수 있는 권리가 부여된 증권이 발행된 경우에는 일반적으로 이를 고려하지 않고 주당순이익을 구한다. 다만 이러한 권리가 부여된 증권이 주식으로 전환되는 경우에는 주식수가 증가하게 되어 주당순이익이 희석되는 현상이 발생하므로 이를 파악하기 위하여 따로 '희석주당순이익(diluted EPS)'을 구하기도 한다. 이와 관련된 간단한 예를 살펴보면 다음과 같다.

(예) 세후순이익: 1,000,000
발행 보통주식수: 200주
전환사채 발행액: 1,000,000
전환비율: 10,000원당 1주
전환사채 이자율: 10%
세율: 50%

$$주당순이익 = \frac{1,000,000}{200} = 5,000$$

$$희석주당순이익 = \frac{1,000,000 + (1,000,000 \times 10\% \times 50\%)}{200 + 100[11]} = 3,500$$

세후순이익은 사채이자를 부담하지 않으므로 세효과를 고려하면 50,000[12]의 이익증가가 있게되어 1,050,000이 된다.

---

11) 사채전환에 따른 주식증가수 = 1,000,000 / 10,000 = 100주

예림주식회사의 경우 발행된 우선주도 없고 전환사채 등도 발행되지 않았으므로 일반적인 주당순이익을 구하면 다음과 같다.

	2005년	2006년
당기순이익	900,000	1,560,000
가중평균주식수	72주[13)]	72주
주당순이익	12,500	21,667

Ⅵ. 주가이익비율

98 주당순이익은 주식 1주당 순이익이 얼마인가를 나타내는 지표라는 것을 앞서 살펴보았다. 하지만 이 지표 자체는 단지 주식1주당 순이익이 얼마인가를 나타내줄 뿐이므로 이를 가지고 기업간 비교를 하는 것은 무리가 있다. 가령 주식의 시가가 만원인 주식의 주당순이익이 만원이라고 할 때 시가 5천원인 주식의 주당순이익이 칠천원이라면 비록 주당순이익은 전자의 기업이 더 나은 것으로 나타나지만 기업의 성과측면에서 볼 때에는 후자의 경우가 더 나은 성과를 올리고 있다고 판단할 수도 있다. 따라서 주당순이익과 주가를 연계하여 분석함으로써 기업의 성과를 상호비교하려는 시도가 있는데, 이를 주가이익비율(price-earning ratio: PER)이라고 한다.

주가이익비율 = 보통주 시가 / 주당순이익

주가이익비율은 기업의 현재 주가가 주당순이익의 몇 배인가를 나타내는 지표이므로 이를 동종산업 내의 다른 기업들과 비교하여 해당기업의 현 주가가 고평가 되었는지 혹은 저평가 되었는지를 판단하는데 이용할 수 있

12) 1,000,000 × 10% × 50% = 50,000
13) 360,000/5,000 = 72주

다. 흔히 주가이익비율이 낮은 주식의 경우 현재이익에 비하여 기업의 가치가 과소평가되었다고 보기도 하지만 이를 일률적으로 판단하기에는 무리가 있다. 즉 사양산업일수록 또한 기업의 위험이 높을수록 주가이익비율이 낮아진다. 따라서 기업의 성장전망, 그 기업이 속한 산업의 상황, 기업의 회계정책 등 여러가지 측면을 종합적으로 고려하여 판단하여야 한다.

Ⅶ. 각종 이익률

1. 총자본이익률(Return on assets; ROA)

99 총자본이익률이란 경영자가 조달된 자본을 수익창출에 얼마나 효율적으로 이용하고 있는지를 나타내는 비율로 여기서의 자본은 자기자본과 부채를 모두 포함한 개념이다. 따라서 이를 총자산이익률이라고도 한다. 이는 다음과 같은 회계등식을 떠올리면 쉽게 이해될 수 있다.

자산 = 부채(타인자본) + 자기자본

총자본이익률은 타인자본과 자기자본을 구분하지 않고 동일한 투하자본으로 보아 이러한 투하자본이 얼마의 수익을 가져다 주는지를 평가하는 것이다. 총자본이익률은 다음과 같이 구한다.

총자본이익률 = 당기순이익 / 평균자산

산식에서 분모의 자산을 어느 시점의 금액으로 할 것인지에 따라 총자본이익률이 달라질 수 있다.분자의 당기순이익이 flow개념이므로 분모인 자산도 기초금액과 기말금액의 평균치로 하는 것이 일반적이다. 총자본이익률을 해석할 때 유의할 점은 당기순이익은 현행원가로 측정된데 비해 분모인 자산은 취득원가로 측정되기 때문에 현행원가보다 매우 낮은 취득원가를 가지고 있는 경우에는 ROA가 과도하게 높게 나올 수도 있다는 점이다.

한편, 분자의 당기순이익 대신 영업이익을 이용하기도 하는데, 이는 영업이익이 재무비용을 제외하고 계산되므로 기업의 자본구조와 관계없이 기업간의 비교가 가능해지기 때문이다. 이와 같은 논리로 당기순이익 대신 경상이익을 이용하기도 하는데, 이는 특별손익의 영향을 배제하기 위한 것이라고 볼 수 있다.

2. 자기자본이익률(Return on common equity: ROE)

100 타인자본과 자기자본 모두에 대한 기업의 이익력을 의미하는 총자본이익률 대신 자기자본에 대해서만 이익력을 평가해 볼 수 있는데, 이때 이용되는 것이 바로 자기자본이익률이다.

자기자본이익률 = 당기순이익 / 평균자기자본

자기자본이익률은 주주가 요구하는 최저수익률과 비교하여 과연 기업이 최소한의 수익을 창출하고 있는지를 살펴보게 된다. 여기서 주주가 요구하는 최저수익률은 자본비용(capital cost)라고도 표현되는데, 흔히 은행의 정기예금금리 등이 사용된다. 분모의 자기자본이 평균자기자본으로 이용되는 것은 총자본이익률에서의 개념과 동일한 논리이다. 총자본이익률과 자기자본이익률을 회계등식과 연관지어 비교하면 다음과 같다.

자산 = 부채 + 자본
↓ ↓
ROA ROE

3. 투자수익률(Return On Investment: ROI)

101 투자수익률분석은 투자에 대한 효율성을 분석하기 위해 1930년대 미국 듀폰(Du Pont)사에 의해 개발된 방법이다. 이는 기업의 투자타당성 및 투자

[**그림** 3-1] 투자수익률분석도표

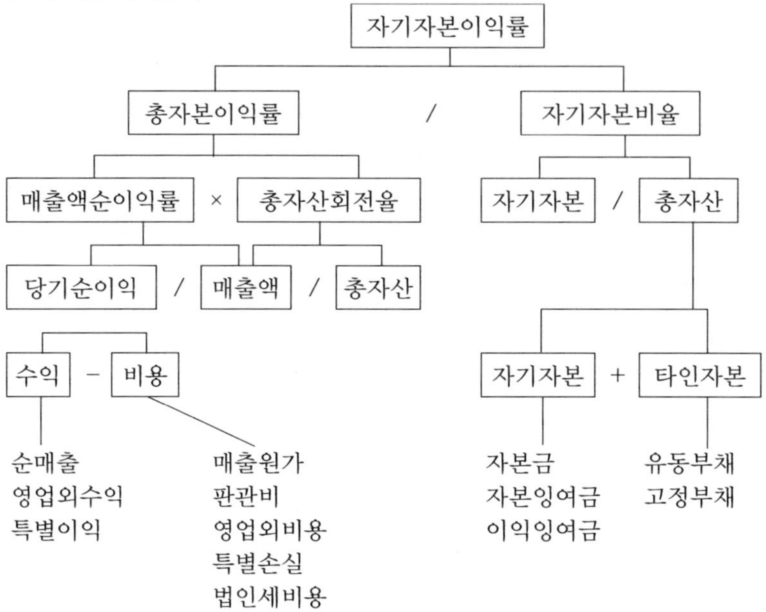

성과평가에 주로 사용되는 것으로 투자수익률의 구성요소를 체계적으로 분석하여 수익률에 영향을 미치는 요소에 대하여 통제하는 분석방법이다.

투자수익률은 총자본이익률(ROA)과 자기자본이익률(ROE)로 나누어 살펴볼 수 있다.

총자본이익률 = 당기순이익 / 평균자산
= 당기순이익 / 매출액 × 매출액 / 평균자산
= 매출액순이익률 × 총자산회전율

자기자본이익률 = 당기순이익 / 평균자기자본
= 당기순이익 / 평균자산 × 평균자산 / 평균자기자본
= (당기순이익 / 평균자산) / (평균자기자본 / 평균자산)

= 총자본이익률 / 자기자본비율

이러한 분석을 2개년 혹은 그 이상의 기간에 대해 실시하게 되면 이익률을 증가시키기 위해 어떠한 부분을 개선해야 되는지를 세부적으로 파악할 수 있게 된다.

04 현금흐름표의 이해

Accounting for Lawyer

제 1 절 현금흐름표의 의의

제 2 절 현금의 정의

제 3 절 현금흐름표의 구성

제 4 절 현금흐름표의 작성

제 5 절 현금흐름표의 분석

제 1 절 현금흐름표의 의의

101 재무제표 중 대차대조표, 손익계산서, 이익잉여금처분계산서 및 자본변동표는 특정 회계연도의 현금흐름에 대해서 직접적인 정보를 제공하지 못한다. 왜냐하면 이들 재무제표는 발생주의 원칙에 의해 작성되므로 실제 현금의 유출입과는 관계없이 회계거래를 연도별로 인식하고 기록하기 때문이다. 경제적 사건(economic events)은 언제 현금의 유출입이 있는지와 관계없이 수익창출에 기여하는 경우에는 비용으로 또는 수익이 창출된 경우 수익으로 인식되어 각 회계연도에 할당된다. 따라서 발생주의 원칙은 기업이 영업활동을 통하여 창출해 내는 재무적 성과(financial performance)를 반영하는데 매우 유용한 반면 기업의 재무적 생존능력(financial viability)을 나타내는 데에는 치명적 약점을 지니고 있다. 즉 손익계산서상의 당기순이익이 아무리 높게 나타나도 만기 도래한 부채의 상환에 어려움이 있다면 이는 소위 흑자도산이라는 결과를 가져올 수도 있는 것이다. 따라서 기업회계기준에서는 재무제표의 하나로 현금흐름에 대한 정보를 공시할 것을 요구하게 된 것이고 이것이 바로 현금흐름표이다. 재무제표 중 대차대조표, 손익계산서, 이익잉여금처분계산서, 자본변동표가 발생주의 회계에 기초하여 작성된 것이라면, 현금흐름표는 이와 달리 현금의 흐름에 중심을 두고 있으므로 현금주의 회계에 기초하여 작성된 것이라고 할 수 있다. 이 장에서는 현금흐름표가 작성되는 원리를 살펴보고, 현금흐름표에서 기업의 현금흐름을 평가하고 분석하는 방법에 대해 배우게 될 것이다.

제 2 절 현금의 정의

102 현금흐름표를 작성하기 위해서는 먼저 '현금'에 대한 정의를 명확히 하여야 한다. 일반적으로 현금이라 하면 지폐, 주화 등을 떠올리게 되나, 현금흐름표상의 현금은 이보다 더 넓은 개념이다. 즉 지폐, 주화 등 본래의 현금 이외에 소위 '현금등가물(cash equivalents)'도 현금에 포함시킨다. 그렇다면 어떠한 것들을 현금등가물이라고 보는가? 이는 큰 거래비용 없이 통화, 통화대용증권, 요구불 예금 등으로 전환이 용이한 단기금융상품으로, 취득 당시 만기가 3개월 이내인 것을 가리킨다. 주의할 점은 재무제표 작성일 시점에서 만기가 3개월 이내라는 것이 아니라 취득 시점에 이미 만기가 3개월 이내여야 한다는 점이다. 이는 대차대조표상 '현금 및 현금성자산'이라는 항목으로 표시되어 있으므로 결국 이 계정과목의 유·출입 내역을 살펴보는 것이 현금흐름표라고 할 수 있다.

제 3 절 현금흐름표의 구성

103 현금흐름표는 기본적으로 회계기간 동안 기업의 현금 유입과 유출에 대한 정보를 제공하는 것을 목적으로 한다. 정보이용자는 현금흐름표상의 정보를 이용하여 장래 기업의 현금창출능력, 만기 도래한 부채에 대한 상환능력, 배당지급능력 등을 평가하게 되고, 나아가 손익계산서상의 당기순이익과 기업의 순현금흐름간의 차이에 대한 이해를 도모하게 된다. 따라서 현

금흐름표는 현금흐름에 대한 내역을 기업의 영업활동(operating), 투자활동(investing), 재무활동(financing) 등 3가지 범주로 나누어 보고함으로써 정보의 유용성을 제고하고자 한다.

〈표 4-1〉 현금흐름표의 양식

현금흐름표

Ⅰ. 영업활동으로 인한 현금흐름: 직접법 vs. 간접법
Ⅱ. 투자활동으로 인한 현금흐름
  ⅰ. 투자활동으로 인한 현금유입액
  ⅱ. 투자활동으로 인한 현금유출액
Ⅲ. 재무활동으로 인한 현금흐름
  ⅰ. 재무활동으로 인한 현금유입액
  ⅱ. 재무활동으로 인한 현금유출액
Ⅳ. 현금의 증가(감소)(Ⅰ+Ⅱ+Ⅲ)
Ⅴ. 기초의 현금
Ⅵ. 기말의 현금

기업의 현금흐름을 영업활동, 투자활동, 재무활동으로 나누어 보고하게 되면 기업의 현금흐름이 구체적으로 어느 유형으로부터 유래한 것인지를 알 수 있게 되어 미래의 현금흐름 예측능력이 향상된다. 그런데 구체적으로 어느 특정 현금흐름이 3가지 범주 중 어느 것에 속할 것인지를 판단하는 것이 직관적으로 명확한 것은 아니다. 따라서 3가지 범주 중 어느 것에 속할 것인가는 기업회계기준상의 규정에 따르게 된다고 할 수 있다. 그리고 만약 특정 현금흐름이 3가지 범주 중 하나 이상의 범주에 속한다고 볼 수 있는 경우, 이를 범주별로 나누어 기록하는 것이 아니라 주된 활동의 범주에 전액 기재를 하게 된다.

영업활동으로 인한 현금흐름이란 기업의 주된 영업활동으로 인해 발생하는 거래로부터 일어나는 현금흐름을 말한다. 대표적으로는 현금매출과 매출채권의 현금회수, 현금매입, 매입채무 현금지급, 종업원의 인건비 및 판매비와 관리비의 현금지급, 법인세의 현금지급 등이 있다. 한 가지 특이한 사

항은 손익계산서상으로는 영업외손익으로 분류되는 이자수익, 배당금수익, 이자비용도 영업활동으로 인한 현금흐름으로 구분한다는 점이다. 그 성격상으로 보면 투자활동 혹은 재무활동으로 인한 현금흐름으로 분류하는 것도 고려해 볼 수 있으나, 그것보다는 기업의 주된 영업활동과 매우 밀접하게 관련되어 있는 사항이라고 보아 투자활동 혹은 재무활동으로 분류하는 대신 영업활동으로 인한 현금흐름으로 분류하게 된 것이다.

투자활동으로 인한 현금흐름이란 기업의 주된 영업활동과 직접적으로 관련되지는 않지만 수익을 창출할 목적으로 자산을 사고 파는 것과 관련된 거래로부터 발생하는 현금흐름이다. 투자활동으로 인한 현금의 유입에는 장단기 대여금의 회수, 단기금융상품이나 유형자산 등의 현금처분이 있다. 투자활동으로 인한 현금의 유출로는 장단기 대여금의 대여, 단기금융상품이나 유형자산 등의 현금취득 등이 있다. 사실 유형자산의 취득이나 처분에 따른 현금의 유출입은 유형자산이 주된 영업활동에 사용되는 경우 영업활동으로 인한 현금흐름으로 분류할 수도 있는 여지가 있다. 하지만 이러한 자산의 취득이라고 하는 것이 어떤 면에서는 투자활동으로 분류되는 것이 더 일반적 감정에 부합된다고도 볼 수 있으므로 이를 영업활동으로 인한 현금흐름 대신 투자활동으로 인한 현금흐름으로 분류하게 된 것이다.

재무활동으로 인한 현금흐름이란 영업활동과 관련이 없는 부채 및 자본의 증감거래로부터 발생하는 현금흐름을 말한다. 더 근원적으로 이야기하면 기업이 외부로부터 자금을 조달하거나 상환하는 경우를 가리킨다고 할 수 있다. 가령, 외부로부터 자금을 차입한다거나 주식을 발행하는 경우 등이 대표적인 재무활동으로 인한 현금의 유입에 해당한다. 반면, 차입금을 상환하거나 배당을 지급하는 경우 등은 재무활동으로 인한 현금의 유출에 해당한다. 한 가지 유의할 점은 차입금에 대한 이자를 지급하는 경우에는 영업활동으로 인한 현금흐름으로 분류하나, 주주에게 지급하는 배당의 경우에는 재무활동으로 인한 현금흐름으로 분류한다는 점이다. 채권자로부터 차입을 하거나 주주로부터 자본금을 수령하는 경우 모두 재무활동으로 인한 현금흐름으로 분류하면서 지급이자와 배당금의 지급을 달리 분류하는 이유는 무엇일까? 이는 배당금의 지급은 주된 영업활동으로 인한 비용에 해당하지 않기 때문이다. 즉 배당금의 지급은 손익계산서상 비용으로 계상되지 않고 이익잉여금의 처분으로 계상되기 때문에 기업입장에서 보면 이는 재무활동에서 기인하게 되는 것으로 보게 되는 것이다.

현금흐름표는 대차대조표와 손익계산서가 작성된 후에 작성되게 된다.

제 4 절 현금흐름표의 작성

104 현금흐름표는 기본적으로 한 회계기간 동안 기업의 현금유입와 유출에 대한 정보를 제공하는데 그 목적이 있다. 구체적으로 보면 현금흐름표의 이용자는 기업의 미래 현금의 창출능력 평가, 만기도래 부채의 상환능력 평가, 배당 지급능력의 평가, 손익계산서상의 당기순이익과 현금흐름이 차이가 나는 이유에 대한 이해, 투자활동과 재무활동의 효과에 대한 평가등에 현금흐름표를 활용할 수 있다. 현금흐름표는 기업의 한 회계연도에 발생한 모든 현금관련 거래들을 모아서 작성한 재무제표라고 할 수 있다. 기업의 수많은 현금거래들을 무작위로 공시하는 것은 정보의 유용성이 떨어지므로 앞서 설명한 바와 같이 3가지 범주로 나누어 현금흐름을 공시하게 된다.

현금흐름표를 작성하는 방법은 두 가지로 나누어 지는데, 직접법과 간접법이 그것이다. 직접법이란 말 그대로 한 회계기간 동안 현금과 관련된 변동내역을 각 계정별로 직접 분석하여 보고하는 방법이다. 즉 한 회계기간 동안의 모든 거래들을 검토하여 현금계정에 영향을 미친 분개에 대해 3가지 범주 중 하나로 분류하여 보고하게 되는 것이다. 직접법의 양식은 〈표 4-2〉와 같다.

〈**표** 4-2〉 현금흐름표: 직접법

현금흐름표

제×기 20××년×월×일부터 20××년×월×일까지
제×기 20××년×월×일부터 20××년×월×일까지

회사명 (단위: 원)

과 목	제×(당)기	제×(전)기
	금 액	금 액
Ⅰ. 영업활동으로 인한 현금흐름	×××	×××
가. 매출 등 수익활동으로부터의 유입액		
나. 매입 및 종업원에 대한 유출액		
다. 이자수익유입액		
라. 배당금수익유입액		
마. 이자비용유출액		
바. 미지급법인세의 지급		
사. ………		
Ⅱ. 투자활동으로 인한 현금흐름	×××	×××
1. 투자활동으로 인한 현금유입액		
가. 단기금융상품의 처분		
나. 유가증권의 처분		
다. 토지의 처분		
라. ………		
2. 투자활동으로 인한 현금유출액		
가. 현금의 단기대여		
나. 단기금융상품의 취득		
다. 유가증권의 취득		
라. 토지의 취득		
마. 개발비의 지급		
바. ………		
Ⅲ. 재무활동으로 인한 현금흐름	×××	×××
1. 재무활동으로 인한 현금유입액		
가. 단기차입금의 차입		
나. 사채의 발행		
다. 보통주의 발행		
라. ………		
2. 재무활동으로 인한 현금유출액		
가. 단기차입금의 상환		
나. 사채의 상환		
다. 유상감자		
라. ………		
Ⅳ. 현금의 증가(감소)(Ⅰ+Ⅱ+Ⅲ)	×××	×××
Ⅴ. 기초의 현금	×××	×××
Ⅵ. 기말의 현금	×××	×××

현금흐름표를 작성하는 방법에는 위와 같은 직접법 이외에 간접법이 있다. 양 방법은 3가지 범주 중 영업활동으로 인한 현금흐름을 어떻게 표시할 것인가 에서만 차이를 보이고 투자활동과 재무활동으로 인한 현금흐름은 동일하게 표시된다. 직접법이 현금에 영향을 미치는 영업활동을 직접 추적하여 보고하는 반면, 간접법의 경우에는 손익계산서상의 당기순손익에 특정 금액을 가감함으로써 영업활동으로 인한 현금흐름을 우회적으로 추적하여 보고하게 된다. 이는 발생주의에 의한 손익계산서상의 당기순손익과 현금주의에 의한 현금흐름의 관계를 보여줌으로써 현금흐름표의 본래 목적인 발생주의에 의해 작성된 대차대조표와 손익계산서의 보완 역할을 강조하는 것이라고 볼 수 있다. 간접법의 양식은 〈표 4-3〉과 같다.

직접법과 간접법의 경우 영업활동으로 인한 현금흐름의 표시방법만 다를 뿐 투자활동과 재무활동으로 인한 현금흐름은 동일한 양식으로 표시된다는 것을 표에서 확인 할 수 있다. 투자활동과 재무활동으로 인한 현금흐름은 양 방법 모두 당해 거래로 인하여 유출입된 현금을 각각 별도로 구분하여 표시하게 되는 것이다.

반면 영업활동으로 인한 현금흐름을 구하는 방법 중 간접법의 경우 당기순이익에는 영향을 미치지만 현금흐름에는 영향을 미치지 못하는 부분들을 조정해 주어 영업활동으로 인한 현금흐름을 구하게 된다. 조정항목들은 크게 손익계산서상의 항목들과 대차대조표상의 항목들로 나누어 볼 수 있는데, 이를 유형별로 요약하여 보면 〈표 4-4〉와 같다.

먼저 현금의 유출입이 없는 손익의 경우 발생주의에 의해 산출하는 당기순이익에는 영향을 미치지만 현금주의에 의하여 구하는 현금흐름에는 영향을 미치지 않는다. 가령, 감가상각비의 경우 손익계산서상으로는 당기순이익을 감소시키는 역할을 하지만 실제로 현금의 유출이 일어난 것은 아니므로 현금흐름표상의 현금흐름에는 아무런 영향을 미치지 않는다. 따라서 당기순이익을 첫 출발점으로 하여 영업활동으로 인한 현금흐름을 구하는 간

〈**표** 4-3〉 현금흐름표: 간접법

<u>현금흐름표</u>

제×기 20××년×월×일부터 20××년×월×일까지
제×기 20××년×월×일부터 20××년×월×일까지

회사명 (단위: 원)

과 목	제×(당)기	제×(전)기
	금 액	금 액
Ⅰ. 영업활동으로 인한 현금흐름	×××	×××
1. 당기순이익(순손실)		
2. 현금의 유출이 없는 비용 등의 가산		
가. 감가상각비		
나. 퇴직급여		
다. ………		
3. 현금의 유입이 없는 수익 등의 차감		
가. 사채상환이익		
나. ………		
4. 영업활동으로 인한 자산·부채의 변동		
가. 재고자산의 감소(증가)		
나. 매출채권의 감소(증가)		
다. 이연법인세차의 감소(증가)		
라. 매입채무의 증가(감소)		
마. 미지급법인세의 증가(감소)		
바. 이연법인세대의 증가(감소)		
사. ………		
Ⅱ. 투자활동으로 인한 현금흐름	×××	×××
1. 투자활동으로 인한 현금유입액		
가. 단기금융상품의 처분		
나. 유가증권의 처분		
다. 토지의 처분		
라. ………		
2. 투자활동으로 인한 현금유출액		
가. 현금의 단기대여		
나. 단기금융상품의 취득		
다. 유가증권의 취득		
라. 토지의 취득		
마. 개발비의 지급		
바. ………		
Ⅲ. 재무활동으로 인한 현금흐름	×××	×××
1. 재무활동으로 인한 현금유입액		
가. 단기차입금의 차입		
나. 사채의 발행		
다. 보통주의 발행		
라. ………		
2. 재무활동으로 인한 현금유출액		
가. 단기차입금의 상환		
나. 사채의 상환		
다. 유상감자		
라. ………		
Ⅳ. 현금의 증가(감소)(Ⅰ+Ⅱ+Ⅲ)	×××	×××
Ⅴ. 기초의 현금	×××	×××
Ⅵ. 기말의 현금	×××	×××

〈표 4-4〉

항 목	유 형	당기순이익에 미치는 영향	현금흐름을 구하기 위한 조정
I/S항목	감가상각비 등 현금의 유출이 없는 비용	−	+
	단기매매증권평가차익 등 현금의 유입이 없는 이익	+	−
	현금의 유입은 있으나 영업활동과 무관한 이익	+	−
	현금의 유출은 있으나 영업활동과 무관한 비용	−	+
B/S항목	영업활동관련 자산의 증가	+	−
	영업활동관련 자산의 감소	−	+
	영업활동관련 부채의 증가	−	+
	영업활동관련 부채의 감소	+	−

접법의 경우에는 현금의 유출입이 없는 손익에 대해 당기순이익에 미치는 영향과 반대방향으로 조정을 해 주어야만 정확한 현금흐름을 구할 수 있게 된다. 현금의 유출이 없는 비용으로는 감가상각비, 이자비용에 포함된 사채할인발행차금상각, 단기매매증권평가차손, 감액손실 등이 있으며, 현금의 유입이 없는 이익으로는 단기매매증권평가차익, 외화환산차익 등이 있다.

현금의 유출입은 있으나 영업활동과 무관한 손익의 경우에는 관련거래가 영업활동으로 분류되지 않기 때문에 영업활동으로 인한 현금흐름에서 제외하는 것이다. 대신 이는 재무활동 혹은 투자활동으로 인한 현금흐름에서 조정이 이루어진다. 가령, 유형자산을 처분하여 이익이 발생한 경우 이는 유형자산처분차익이라는 이름으로 손익계산서상에 표시되어 당기순이익을 증가시키는 역할을 하게 된다. 실제로 차익 발생분만큼 현금의 유입이 있었으므로 현금흐름에 영향을 미치는 것은 사실이나 이는 영업활동과 무관한

차익이므로 영업활동으로 인한 현금흐름이 아닌 투자활동으로 인한 현금흐름으로 분류하게 된다. 따라서 당기순이익을 출발점으로 하여 영업활동으로 인한 현금흐름을 구하는 간접법의 경우에는 유형자산처분차익만큼 차감하는 조정을 해주어야 하는 것이다. 대표적인 유형으로는 자산의 처분차손익, 사채상환차손익 등이 있다.

영업활동관련 자산 및 부채의 증감도 역시 당기순이익에 영향을 미치게 되므로 이 부분 또한 조정을 해주어야 정확한 현금흐름을 구할 수 있다. 가령, 발생된 비용에 대해 기말까지 현금을 지급하지 않았다 하더라도 이 금액만큼은 손익계산서상에 포함되어 당기순이익을 감소시키는 영향을 미치게 된다. 하지만 실제로 기말까지 현금은 유출되지 않았기 때문에 이 부분만큼 미지급비용이라는 부채항목으로 대차대조표에 계상되어 있게 된다. 따라서 당기순이익을 출발점으로 하여 영업활동으로 인한 현금흐름을 구하는 간접법의 경우에는 이 부분만큼을 가산하는 조정을 해주어야만 정확한 현금흐름을 구할 수 있게 된다. 영업활동 관련 자산 및 부채 계정과목의 증감부분에 대해 이와 같은 조정을 해주어야 하는데, 관련자산 계정과목으로는 매출채권, 재고자산, 미수수익, 선급비용 등이 있고, 관련부채 계정과목으로는 매입채무, 미지급비용 등이 있다.[1)]

이를 약식 대차대조표로 요약하여 설명하면 다음 그림과 같다.

대차대조표

자산(자금의 사용)	부채 및 자본(자금의 조달)
현금 및 현금성자산	영업활동과 관련된 부채
영업활동과 관련된 자산	재무활동과 관련된 부채
투자활동과 관련된 자산	재무활동과 관련된 자본

지금까지 현금흐름표를 작성하는 방법으로 직접법과 간접법을 설명하였

1) 참고로 영업활동 관련 자산 및 부채 이외의 자산 및 부채계정은 투자활동이나 재무활동과 관련이 있으므로 이들 계정의 증감부분은 해당 범주에서 조정되게 된다.

다. 이 두 가지 방법 중 어느 방법이 더 나은가에 대해선 많은 논쟁이 있어왔다. 현금흐름표를 이용하는 자 입장에서는 직접법이 보다 직관적이기 때문에 이를 선호하는 경향이 있고, 현금흐름표를 작성하는 기업 입장에서는 간접법이 보다 수월하므로 이를 선호하는 경향이 있다. 현행 기업회계기준에서는 양 방법을 모두 인정하고 있으나 직접법을 채택한 경우에는 주석으로 간접법에 의한 현금흐름표를 공시하도록 하고 있어 결국 실무적으로는 간접법을 주로 채택하고 있다. 그러나 현금흐름표를 이용하여 여러 기업을 비교하는 경우에는 영업활동으로 인한 현금흐름을 원천별로 분류하여 공시하는 직접법이 보다 유용한 것으로 여겨진다.

제 5 절 현금흐름표의 분석

105 현금흐름표는 기업의 유동성과 현금흐름을 평가하는데 도움을 준다. 따라서 앞장에서 소개했던 재무제표의 비율분석시 대차대조표와 손익계산서 이외에 현금흐름표를 추가로 이용하면 보다 더 유용한 정보를 산출해 낼 수 있다. 이하에서는 이에 대해 살펴보기로 한다.

Ⅰ. 현금이자보상비율

106 이자보상비율(interest coverage ratio)은 타인자본사용에 따라 발생하는 지급이자의 지급능력을 파악하는데 사용되는 비율이라고 하였다. 즉, 영업이익으로 이자비용의 몇 배를 지급할 수 있는지 알아보는 비율로 이것이 높을수록 기업의 파산위험이 낮다고 본다. 하지만 영업이익은 발생주의에 근거하여 산정된 금액으로 실제 현금유입과 무관한 이익들도 포함되어 있어,

기업의 실제 이자지급능력을 평가하는데 미흡한 점이 있다. 따라서 이러한 점을 보완하기 위하여 현금이자보상비율(cash interest coverage ratio)이 이용된다.

현금이자보상비율 = 영업활동으로 인한 현금흐름 / 이자비용

Ⅱ. 현금배당보상비율

107 현금배당보상비율(cash dividend coverage ratio)이란 주주의 입장에서 기업이 미래에 어느 정도의 현금배당을 실시할 수 있는 능력을 가지고 있는가를 살펴보는 비율이다.

현금배당보상비율 = 영업활동으로 인한 현금흐름 / 현금배당액

Ⅲ. 이익의 질 비율

108 이익의 질 비율(quality of income ratio)이란 영업이익과 영업활동으로 인한 현금흐름을 비교함으로써 영업이익의 질을 파악해보고자 하는 것이다.

이익의 질 비율 = 영업활동으로 인한 현금흐름 / 영업이익

이는 기업이 아무리 높은 영업이익을 손익계산서상에 보고했더라도 영업활동으로 인한 현금흐름이 매우 낮다면 기업의 향후 유동성에 문제가 발생할 수도 있다. 또한 이 비율이 급격하게 변동하는 경우에는 신용매출이 급증하였다든지 하는 원인분석을 추가로 해보야 할 필요성이 있다.

Ⅳ. 주당현금흐름

109 주당현금흐름(cash flow per share)은 다음과 같이 구할 수 있다.

주당현금흐름 = 현금 및 현금성자산 / 가중평균주식수

이를 이용하여 기업의 배당지급능력을 분석해 볼 수 있을 것이다.

05 회계정보의 유용성

Accounting for Lawyer

제 1 절 개　　요
제 2 절 회계정보가 갖추어야 할 속성
제 3 절 우리나라의 회계기준과 법적지위
제 4 절 회계정보의 검증-회계감사
제 5 절 현금흐름표의 분석

제1절 개　　요

110 경제성장과 자본시장의 국제화 등에 따른 경영환경의 변화가 가속화됨에 따라 투자자를 비롯한 기업 외부 이해관계자들의 재무정보(financial information)에 대한 수요는 계속하여 증가하고 있으며 재무정보의 종류도 다양해지고 있다. 여기서 재무정보란 화폐단위로 측정하여 보고하는 정보로 회계정보(accounting information)와 동일한 의미로 해석할 수 있다. 회계는 정보이용자가 합리적인 의사결정을 하는데 도움이 되는 유용한 회계정보를 제공하는데 그 목적이 있다. 이러한 합리적 의사결정을 통하여 경제 전체적으로는 자원이 최적 배분되는 효과를 가져올 수 있다.

재무정보 → 정보이용자 → 자원의 최적배분

의사결정에 유용한 회계정보를 제공함으로써 경영자의 수탁책임을 평가하는 것도 부수적 목적 중의 하나라고 할 수 있다. 사실 소유와 경영의 분리로 인한 기업의 발달은 회계정보의 제공이 없었다면 이루어지기 어려웠을 것이다. 회사의 경영에 참여하지 않고 있는 외부주주로서는 회계정보를 제공받지 않는다면 기업의 재무상태나 경영성과를 판단할 수 없으므로 투자에 어려움을 겪을 수 밖에 없기 때문이다.

회계정보가 이와 같은 미시적, 거시적 역할을 수행하기 위해서는 정보의 공신력을 높이는 노력이 필요한데, 이러한 역할을 담당하는 것이 바로 공인회계사이다. 기업이 마련한 회계정보가 일반적으로 인정된 회계원칙에 따라 적정하게 작성되었는지를 외부의 독립적인 기관이 검증하여 줌으로써 회계정보의 가치를 향상시킬 수 있었던 것이다.

우리 나라가 1997년 12월 이후 IMF 경제위기로 대변되는 금융 외환위기를 겪으면서 회계정보와 회계기준의 투명성에 대한 중요성을 재인식한 것은 실로 중대한 변화라고 할 수 있다. 분식회계 등을 통하여 부정한 회계정보를 남발하던 기업의 관행이 얼마나 위험하고 수많은 사람에게 영향을 미치는가를 뼈저리게 느낌으로써 사회전체적으로 회계정보의 중요성 및 신뢰성 제고에 총력을 기울이게 된 것은 다행스러운 일이 아닐 수 없다. 더구나 현대사회와 같이 자본의 국제화가 활발해진 시점에 있어서는 회계정보의 역할이 국내에만 머무는 것이 아니라 전 세계적으로 영향을 미친다는 사실은 회계기준의 국제화를 촉진하는 계기가 되고 있다. 이러한 측면에서 국제사회의 흐름에 발맞추기 위해 1999년 9월에 정부로부터 기업회계기준의 제정권을 위탁받은 민간회계기준제정기구인 한국회계연구원 회계기준위원회('이하 회계기준위원회')가 탄생하게 되었고 1999년 12월에는 주식회사의외부감사에관한법률이 개정됨에 따라 2000년 7월부터 독립적인 민간기구인 회계기준위원회가 회계기준 제정업무를 수행하여 왔다.

회계기준위원회가 활동하기 이전 우리 나라의 기업회계기준은 형식과 내용 면에서 국제적인 회계기준과 다소 차이점이 존재하였다. 특히 기업회계기준의 형식이 기준서 형태가 아닌 법조문 형식으로 제정되어 왔으며, 특정 회계문제가 발생하여 수정이 필요한 경우에는 해당 부분을 수정하여 개정된 기업회계기준으로 공표하는 방식을 취해 왔다. 따라서 회계기준에 대하여 일관성의 결여, 자의적 해석의 여지, 정부의 규제 지향적 의지가 반영된 기업회계기준 제정 등 여러 가지 문제점을 안고 있었다. 이와 같은 문제점을 극복하고 기업회계기준의 제정과 해석 및 회계분쟁에 대한 기본적 준거를 제공하기 위하여, 금융감독원 회계기준심의위원회는 2000년 1월에 '재무회계개념체계'를 발표하였다. 더불어 주제별로 문단형식의 기업회계기준서를 발표함으로써 우리나라의 회계기준을 국제화하는데 노력을 기울이고 있다.

현대사회에서 재무정보는 매우 다양화되고 그 역할은 매우 중요하지만 재무제표를 통하여 그 모든 정보를 공시하는 데는 한계가 있으므로 보다 포괄적인 재무보고의 수단이 고려되고 있는 것이 사실이다. 하지만 여전히 재무제표를 중심으로 하는 회계정보가 가장 중요한 역할을 수행함은 부인할 수 없을 것이다.

제 2 절 회계정보가 갖추어야 할 속성

111 회계정보가 정보이용자의 의사결정에 유용하게 사용되기 위해서는 기본적으로 갖추어야 할 속성이 있다. 이를 회계학에서는 회계정보의 질적특성(qualitative characteristics)이라고 한다. 회계정보의 질적 특성을 차례로 설명하기에 앞서 이를 전체적으로 요약하여 보면 다음과 같은 구조를 가진다고 할 수 있다.

[그림 5-1] 회계정보의 질적특성

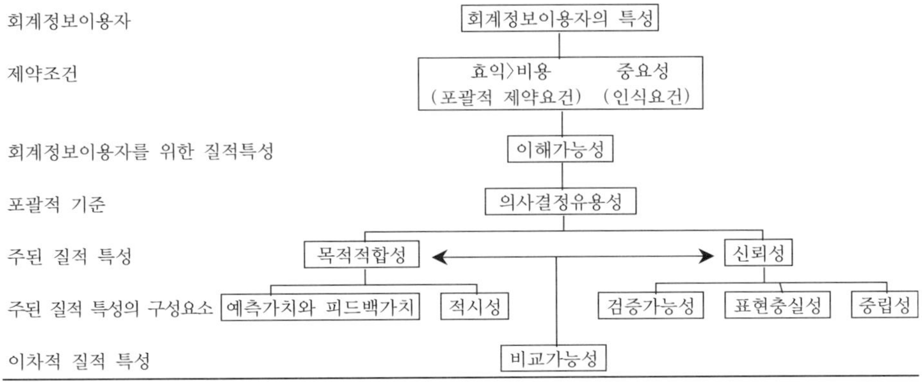

회계정보의 질적 특성이란 회계정보가 유용하기 위해 갖추어야 할 주요 속성을 말한다. 회계정보의 질적 특성은 일반적으로 세 가지 역할을 수행한다고 볼 수 있는데, 첫째는 회계정보가 질적 특성을 제대로 갖추고 있는지 여부에 따라 해당 회계정보가 유용한지 여부를 판단하는 기준이 된다는 것이다. 두번째로 회계정보의 질적 특성은 회계기준제정기구가 회계기준을 제정 또는 개정할 때 대체적 회계처리방법들을 비교 평가할 수 있는 판단기준이 된다. 마지막으로 회계정보의 질적 특성은 경영자와 감사인이 회계정책을 선택 또는 평가하거나, 회계정보이용자가 기업실체가 사용한 회계처리방법의 적절성 여부를 평가할 때 판단기준을 제공한다.

회계정보의 유용성은 궁극적으로 정보이용자에 의해서 판단되며, 이러한 판단은 당면한 의사결정의 성격, 의사결정의 방법, 제공되는 회계정보가 새로운 정보인지의 여부, 의사결정자의 정보처리능력 등 여러 요인에 의해 영향을 받는다. 따라서 모든 정보이용자에게 최대의 유용성을 갖는 회계정보는 존재할 수 없으며, 회계기준제정기구는 정보이용자의 정보이해능력과 재무제표 작성자의 부담을 동시에 고려하여 다양한 정보이용자에게 유용한 정보가 제공될 수 있도록 회계기준을 제정하여야 한다. 이 때 정보이용자는 기업실체의 경제활동 및 회계에 대한 지식을 가지고 있고 회계정보를 이해하기 위한 노력을 할 것이라는 가정이 전제된다

회계정보의 질적 특성은 효익이 비용보다 커야 된다는 포괄적 제약요건과 중요성이 있어야 한다는 인식요건을 전제로 고려되어야 한다. 여기서 중요성이란 회계항목의 성격과 크기가 정보이용자의 의사결정에 차이를 초래하여야 한다는 것으로 중요성을 충족하지 못하는 회계정보에 대해서는 그 질적 특성의 평가가 불필요할 것이다.

회계정보가 갖추어야 할 주된 질적 특성은 목적적합성과 신뢰성이다. 목적적합성이란 회계정보가 정보이용자의 의사결정에 유용하기 위해서는 그 정보가 의사결정 목적과 관련되어야 한다는 것을 말한다. 즉 목적적합성 있

는 정보는 정보이용자가 기업실체의 과거, 현재 또는 미래 사건의 결과에 대한 예측을 하는 데 도움이 되거나 또는 그 사건의 결과에 대한 정보이용자의 당초 기대치(예측치)를 확인 또는 수정할 수 있게 함으로써 의사결정에 차이를 가져올 수 있는 정보를 말한다. 여기서 사건이란 기업실체의 재무상태와 경영성과 등에 영향을 미치는 거래와 외부적 요인을 의미한다. 이러한 목적적합성은 회계정보가 의사결정 시점에 이용가능 하도록 적시에 제공될 때 유효하게 확보될 수 있다. 목적적합성 있는 회계정보는 예측가치 또는 피드백가치를 가져야 한다. 예측가치란 정보이용자가 기업실체의 미래 재무상태, 경영성과, 순현금흐름 등을 예측하는 데에 그 정보가 활용될 수 있는 능력을 의미한다. 피드백가치는 제공되는 회계정보가 기업실체의 재무상태, 경영성과, 순현금흐름, 자본변동 등에 대한 정보이용자의 당초 기대치(예측치)를 확인 또는 수정되게 함으로써 의사결정에 영향을 미칠 수 있는 능력을 말한다. 예를 들어, 어떤 기업실체의 투자자가 특정 회계연도의 재무제표가 발표되기 전에 그 해와 그 다음 해의 이익을 예측하였으나 재무제표가 발표된 결과 당해 연도의 이익이 자신의 이익 예측치에 미달하는 경우, 투자자는 그 다음 해의 이익 예측치를 하향 수정하게 된다. 이 예에서 당해 연도의 보고이익은 피드백가치를 갖고 있는 정보이다. 회계정보가 예측가치 또는 피드백가치를 가져야 하는 것은 정보이용자의 투자 및 신용의사결정이 미래에 대한 예측에 근거하여 이루어지기 때문이다. 재무제표에 의해 제공되는 회계정보는 과거에 대한 것임에도 불구하고 정보이용자에게 유용할 수 있는 근본적 이유는 이 정보가 미래에 대한 예측의 근거로 활용될 수 있기 때문이다. 한편, 회계정보가 정보이용자에게 유용하기 위해서는 그 정보가 의사결정에 반영될 수 있도록 적시에 제공되어야 한다. 적시성 있는 정보라 하여 반드시 목적적합성을 갖는 것은 아니나, 적시에 제공되지 않은 정보는 주어진 의사결정에 이용할 수 없으므로 목적적합성을 상실하게 된다. 그러나 적시성 있는 정보를 제공하기 위해 신뢰성을 희생해야 하는 경우가 있으므로 경영자는 정보의 적시성과 신뢰성간의 균형을 고려해야 한다.

신뢰성이란 회계정보가 정보이용자의 의사결정에 유용하기 위해서는 신뢰할 수 있어야 한다는 것을 말한다. 회계정보의 신뢰성은 회계정보가 나타내고자 하는 대상을 충실히 표현하고 있고(표현의 충실성), 객관적으로 검증가능하며(검증가능성), 중립적(중립성)일 때 확보된다. 표현의 충실성은 재무제표상의 회계수치가 회계기간말 현재 기업실체가 보유하는 자산과 부채의 크기를 충실히 나타내야 하고, 또한 자본의 변동을 충실히 나타내고 있어야 함을 의미한다. 만일 회계수치가 그 측정 대상의 크기를 잘못 나타내고 있으면 그러한 측정치는 신뢰할 수 없는 정보가 된다.

예를 들어, 사실상 회수불가능한 매출채권이 회수가능한 것처럼 대차대조표에 표시된다면 이 매출채권 측정치는 표현의 충실성을 상실한 정보가 된다. 표현의 충실성을 확보하기 위해서는 회계처리대상이 되는 거래나 사건의 형식보다는 그 경제적 실질에 따라 회계처리하고 보고하여야 한다. 거래나 사건의 경제적 실질은 법적 형식 또는 외관상의 형식과 항상 일치하지는 않는다. 예를 들어, 리스의 법적 형식은 임차계약이지만 리스이용자가 리스자산에서 창출되는 경제적 효익의 대부분을 향유하고 당해 리스자산과 관련된 위험을 부담하는 경우가 있다. 이 경우 리스이용자는 리스자산의 경제적 효익을 향유하는 대가로 당해 자산의 공정가치 상당액 및 관련 금융비용을 지급하는 의무를 부담한다. 이와 같은 리스는 경제적 실질의 관점에서 자산과 부채의 정의를 충족하므로 리스이용자는 리스거래 관련 자산과 부채를 인식하여야 한다. 특정 거래나 사건을 충실히 표현하기 위해 필요한 중요한 정보는 누락되어서는 안된다. 수집가능한 중요한 정보가 누락될 경우 표현의 충실성을 저해할 수 있다. 예를 들어, 어떤 기업실체가 지배·종속관계에 있는 다른 기업실체에 거액의 매출을 한 경우 이와 같은 거래내용이 충실히 공시되지 않는다면 개별 재무제표에 나타난 정보는 표현의 충실성이 상실된 정보일 수 있다. 당해 재고가 외부에 매출되지 않은 경우 매출이나 손익이 과대계상될 수 있으며, 특히 두 기업실체간에 책정된 가격이 공정하지 않은 경우에는 가공의 손익이 기록되기 때문이다. 회계정보가 신뢰성을 갖기 위해서는 객관적으로 검증가능하여야 한다. 검증가능성이란 동일한 경제적 사건이나 거래에 대하여 동일한 측정방법을 적용할 경우 다수의 독립적인 측정자가 유사한 결론에 도달할 수 있어야 함을 의미한다. 예를 들어, 독립된 당사자간의 시장거래에서 현금으로 구입한 자산의 취득원가는 검증가능성이 높은 측정치이다. 그러나 검증가능성이 높다는 것이 표현의 충실성을 보장하는 것은 아니며, 또한 반드시 목적적합성이 높다는 것을 의미하지도 않는다. 한편, 회계정보가 신뢰성을 갖기 위해서는 편의 없이 중립적이어야 한다. 의도된 결과를 유도할 목적으로 회계기준을 제정하거나 재무제표에 특정 정보를 표시함으로써 정보이용자의 의사결정이나 판단에 영향을 미친다면 그러한 회계정보는 중립적이라 할 수 없다. 회계기준을 제정하거나 회계처리방법을 적용함에 있어 정보의 목적적합성과 신뢰성을 우선적으로 고려하여야 하며 특정 이용자 또는 이용자 집단의 영향을 받아서는 아니된다.

특정 거래를 회계처리할 때 대체적인 회계처리방법이 허용되는 경우, 목적적합성과 신뢰성이 더 높은 회계처리방법을 선택할 때에 회계정보의 유용성이 증대된다. 목적적합성의 정도가 유사하다면 신뢰성이 더 높은 회계처리방법이 선택되어야 하며 신뢰성의 정도가 유사하다면 목적적합성이 더 높은 회계처리방법이 선택되어야 한다. 목적적합성과 신뢰성 중 어느 하나가 완전히 상실된 경우 그 정보는 유용한 정보가 될 수 없다.

하지만 회계정보의 질적특성은 서로 상충되는 문제가 발생하는 경우도 있다. 예를 들어, 유형자산을 역사적 원가로 평가하면 일반적으로 검증가능성이 높으므로 측정의 신뢰성은 제고되나 목적적합성은 저하될 수 있으며, 시장성 없는 유가증권에 대해 역사적원가를 적용하면 자산가액 측정치의 검증가능성은 높으나 유가증권의 실제 가치를 나타내지 못하여 표현의 충실성과 목적적합성이 저하될 수 있다. 또한, 정보를 적시에 제공하기 위해 거래나 사건의 모든 내용이 확정되기 전에 보고하는 경우, 목적적합성은 향상되나 신뢰성은 저하될 수 있다. 상충되는 질적 특성간의 선택은 재무보고의 목적을 최대한 달성할 수 있는 방향으로 이루어져야 하며, 질적 특성간의 상대적 중요성은 상황에 따라 판단되어야 한다. 예를 들어, 기업실체의 재무상태에 중요한 영향을 미칠 것으로 예상되는 진행중인 손해배상소송에 대한 정보는 목적적합성 있는 정보일 수 있다. 그러나 소송결과를 확실히 예측할 수 없는 상황에서 손해배상청구액을 재무제표에 인식하는 것은 신뢰성을 저해할 수 있다.

회계정보의 이차적 질적 특성인 비교가능성은 목적적합성과 신뢰성만큼 중요한 질적 특성은 아니나, 목적적합성과 신뢰성을 갖춘 정보가 기업실체간에 비교가능하거나 또는 기간별 비교가 가능할 경우 회계정보의 유용성이 제고될 수 있다. 기업실체의 재무상태, 경영성과, 현금흐름 및 자본변동의 추세 분석과 기업실체간의 상대적 평가를 위하여 회계정보는 기간별 비교가 가능해야 하고 기업실체간의 비교가능성도 있어야 한다. 즉 유사한 거래나 사건의 재무적 영향을 측정·보고함에 있어서 영업 및 재무활동의 특성이 훼손되지 않는 범위 내에서 기간별로 일관된 회계처리방법을 사용하여야 하며 기업실체간에도 동일한 회계처리방법을 사용하는 것이 바람직하다. 일반적으로 인정되는 회계원칙에 따라 재무제표를 작성하면 회계정보의 기업실체간 비교가능성이 높아진다. 또한 당해 연도와 과거 연도를 비교하는 방식으로 재무제표를 작성하면 해당 기간의 회계정보에 대한 비교가 가능해진다. 그리고 재무제표의 작성에 적용된 회계기준 또는 회계처리방법이 변경된 경우에는 정보이용자가 유사한 거래나 사건에 대해 기간별 또는 기업실체간 회계처리방법의 차이를 파악할 수 있도록 그 변경의 영향 등을 충분히 공시하여야 한다. 비교가능성은 단순한 통일성을 의미하는 것은 아니며, 발전된 회계기준의 도입에 장애가 되지 않아야 한다. 또한 목적적합성과 신뢰성을 제고할 수 있는 회계정책의 선택에 장애가 되어서도 안된다. 예를 들어, 회계정보의 목적적합성과 신뢰성을 높일 수 있는 대체적 방법이 있음에도 불구하고 비교가능성의 저하를 이유로 회계기준의 개정이나 회계정책의 변경이 이루어지지 않는 것은 적절하지 않다.

제 3 절 우리나라의 회계기준과 법적지위

112 앞장에서 회계정보의 산출과정과 이를 전달하는 수단인 재무제표에 대한 이해 및 분석에 대해 살펴 보았다. 기본적으로 회계정보는 정보이용자의 의사결정에 유용해야 하고 이를 위해서는 일정한 기준에 의해 산출되어야 한다. 일정한 기준을 회계원칙 또는 회계기준이라고 하는데, 이는 회계정보를 창출해 내는 과정에서 준수하여야 할 준거지침이라고 할 수 있다. 이러한 준거지침으로 인해 회계정보는 정보로서의 가치를 지닐 수 있게 되는 것이다. 하지만 회계원칙이라고 하는 것은 수학공식처럼 절대적 진리가 아니며 그 시대의 사회가 합의한 하나의 약속이라고 할 수 있으므로 절대불변의 대상이 아니라 수시로 변화하는 특성을 지니고 있다. 따라서 수많은 회계원칙 중 사회적 합의를 거쳐 현재 실무의 회계처리과정에서 사용되는 회계원칙을 특별히 '일반적으로 인정된 회계원칙(Generally Accepted Accounting Principle; GAAP)'이라고 칭하며, 회계정보는 다름아닌 GAAP에 의하여 산출되어야 한다.

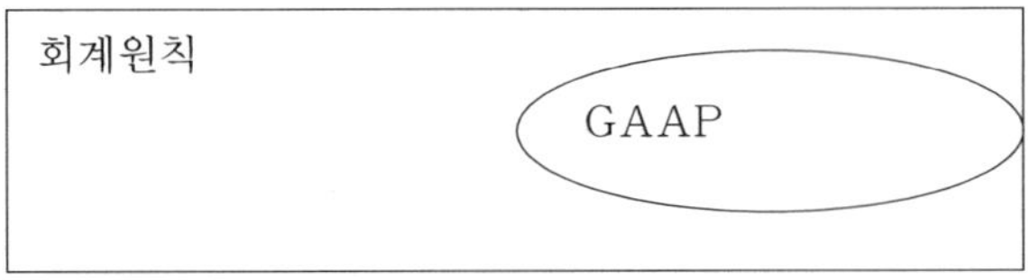

GAAP을 최협의로 해석할 때에는 법적인 권한을 가지고 있는 회계기준 제정기구에서 제정한 회계기준만을 가리킨다. 하지만 법률적인 지지가 없더라도 실무에서 실질적으로 수용되고 있는 공인회계사회의 회계처리지침이나 기타 권위 있는 기관에서 발표한 보고서, 학계에서 이론적인 뒷받침을 하고 있는 방법 등도 넓은 의미에서는 GAAP으로 본다. 하지만 가장 우선적으로 적용되고 가장 중요시되는 것은 역시 일정한 권한을 가진 기관이 제정한 회계원칙이라고 할 것이다. 이를 특히 기업회계기준이라고 칭한다. 기업회계기준이 일반법령과 다른 점은 실제로 이 기준을 이용하여 회계정보를 제공하는 자와 회계정보를 이용하는 자 모두의 광범위한 지지가 필수적으로 요청된다는 점이다. 일반적인 법령의 경우도 이러한 합의가 필요하겠지만 회계원칙의 경우에는 이 합의가 더욱 중요시되며, 합의를 무시한 기준의 경우에는 오래 존속하기 힘들다. 이하에서는 우리나라의 회계기준 제정과 관련된 사항들을 구체적으로 살펴보겠다.

Ⅰ. 우리나라 회계기준의 역사 및 제정권한

113 우리나라에서 처음으로 제정된 회계기준은 1958년 재무부장관의 자문기구였던 재정금융위원회의 기업회계준칙제정 분과위원회가 제정, 공표한 기업회계원칙과 재무부고시로 발표된 재무제표규칙이다. 이후 실무 공인회계사와 회계학 교수들이 참여하여 1974년의 상장법인 등의 회계처리에 관한 규정은 대통령령으로, 그리고 1975년의 상장법인 등의 재무제표에 관한 규칙은 재무부령으로 공포되었다. 1976년 이후에는 증권거래법의 개정에 따

라 신설된 증권관리위원회의 자문기구인 기업회계자문위원회의 자문을 받아 증권감독원의 감리국이, 1990년 이후에는 회계관리국[1])이 기업회계기준의 실질적인 제정과 개정 작업을 주도하였다.

1980년 12월 31일에 제정 공포된 「주식회사의외부감사에관한법률」 제13조는 기업회계기준은 증권관리위원회가 재무부장관의 승인을 얻어 정한다고 규정하였다. 이와 관련하여 증권관리위원회는 1981년에 기업회계자문위원회를 확대 개편하여 회계제도자문위원회[2])를 설치하고 회계학 교수 및 전업 공인회계사들을 위원으로 위촉하였다.

1998년 1월 8일에 개정된 「주식회사의외부감사에관한법률」 제13조는 회사의 회계처리기준은 금융감독위원회가 증권선물위원회의 심의를 거쳐 정한다고 규정하여 회계기준의 제정 주체를 바꾸었다. 금융감독위원회는 1999년 3월 12일자로 「주식회사의외부감사에관한규정」을 제정하고 동규정 제38조에서 기업회계기준은 금융감독위원회가 증권선물위원회의 심의를 거쳐 정하고, 연결재무제표준칙 및 기업집단결합재무제표준칙, 업종별 회계처리준칙 및 반기재무제표준칙의 제·개정은 증권선물위원회가, 기업회계기준 등에 관한 해석은 증권선물위원회 위원장이 각각 정하며, 기업회계기준 등에 관한 질의에 대한 회신은 금융감독원장에게 위탁한다고 규정하였다.

1997년 외환위기를 겪으면서 회계정보의 신뢰성과 기업경영의 투명성 제고를 위하여 독립된 민간 회계기준제정기구의 설립이 사회적으로 요구되었다. 2000년 1월 12일에는 「주식회사의외부감사에관한법률」 제13조 제4항이 신설되어 금융감독위원회가 회계처리기준에 관한 업무를 전문성을 갖춘 민간 법인 또는 단체에 위탁할 수 있는 근거가 마련되었다. 동법 시행령 제7조의2에서는 회계기준 제정기관으로 한국회계기준원[3])을 지정하였고 이에

1) 1999년에 회계감독국으로 개칭되었다.
2) 회계제도자문위원회는 1997년에 회계기준심의위원회로 개칭되었다.
3) 본래 한국회계연구원으로 출발하였으나 2006년 3월에 명칭을 한국회계기준원으로 변경하였다.

따라 한국회계기준원은 2000년 7월 27일부터 기업회계기준의 제정, 개정, 해석과 질의회신 업무를 수행하게 되었다. 한국회계기준원은 기업회계기준의 제정, 개정, 해석업무 등을 수행하기 위하여 정관에 따라 한국회계기준원의 원장이 겸임하는 위원장 1인, 상임위원 1인과 5인의 비상임위원으로 구성된 회계기준위원회를 설치하였다.

결국 우리나라의 경우 공공부문(public sector) 주도로 회계원칙을 제정하여 오다가 1997년 외환위기 이후 민간부문(private sector)이 회계원칙을 제정하는 구조로 전환되었다고 볼 수 있다. 이처럼 회계기준의 제정주체를 민간기구로 한 이유는 IMF 사태 이후 좀 더 투명하고 정치적 영향에서 벗어나 독립적으로 회계기준을 제정할 필요성이 높아짐에 따른 것이었다.

결론적으로 외감법은 기업회계기준의 제정업무를 금융감독위원회에게 위임하고, 금융감독위원회는 외감법시행령에 따라 다시 민간단체인 한국회계기준원에 위탁하고, 한국회계기준원 산하에 회계기준위원회를 둠으로써 회계기준서 형태로 기업회계기준을 제정하고 있다.

회사의 회계처리기준제정(기업회계기준)

↓

금융감독위원회가 증권선물위원회의 심의를 거쳐 제정(외감법 13조 1항)

↓

회계기준제정업무를 민간법인 또는 단체에 위탁 가능(외감법 13조 4항)

↓

민간법인: 회계기준원[4]

위탁(외감법시행령 7조의 2 제1항)

↓

회계기준위원회: 외감법시행령 7조의 2 제2항

Ⅱ. 기업회계기준의 법적근거

114 기업회계기준 제1조에 의하면 기업회계기준은 “주식회사의외부감사에

---

4) 금융감독위원회의 허가를 받아 설립된 민법상 사단법인이다.

관한법률(이하 "외감법"이라 한다) 제13조의 규정에 의하여 동법의 적용을 받는 회사의 회계와 감사인의 감사에 통일성과 객관성을 부여하기 위하여 회계처리 및 보고에 관한 기준을 정함을 목적"으로 한다고 되어 있다. 따라서 기업회계기준은 외감법의 수권에 의하여 제정된 법규범으로 내부적으로는 외감법의 하위규범이며 외부적으로는 외감법의 일부로서 다른 법률과 구분된다고 할 수 있다. 기업회계기준 제90조에 의하면 이 기준의 시행과 관련하여 필요한 경우에는 업종별회계처리준칙 또는 세부사항을 따로 정할 수 있다고 되어 있어 업종별회계처리준칙도 외감법의 일부라고 볼 수 있다.

Ⅲ. 회계기준의 제정과정

115 회계기준위원회는 자체적인 심의, 의견 조회 기관의 요청 및 학계나 업계의 문제 제기 등으로 인하여 필요성이 인정되는 경우에 기업회계기준의 제정 또는 개정 계획을 수립한다. 한국회계기준원은 이를 위하여 필요한 경우 사안 별로 과제연구팀을 구성하여 조사연구 업무를 수행하고 기업회계기준서 등의 제 · 개정을 위한 토론서 및 연구보고서를 발간한다. 한국회계기준원 조사연구실은 토론서와 연구보고서를 참고하고 국제회계기준과의 정합성 등을 고려하여 기초안을 작성한다. 이 기초안에 대하여 주요 이해관계자의 의견을 수렴한 후 기업회계기준 등의 제 · 개정 작업의 배경, 관련 규정, 대안별 주장의 근거와 문제점 등이 포함된 기업회계기준서 등의 공개초안시안을 작성하고, 회계기준자문위원회의 검토를 거쳐 회계기준위원회에 제출한다.

회계기준위원회는 기업회계기준서 등의 공개초안시안을 심의한 후 최종적으로 확정 공표할 형식으로 공개초안(Exposure Draft)을 의결한다. 공개초안은 최소한 30일 동안 인터넷 통신망, 간행물 등을 통하여 예고하며 16개 의견 조회 기관을 비롯한 이해관계자들의 검토 의견을 구한다. 회계기준위원회가 필요하다고 인정하는 경우에는 이해관계자 및 전문가의 의견을 청취하기 위하여 공청회를 개최한다. 회계기준위원회는 공개초안에 대하여 예고 기간 중 제출된 검토 의견 및 공청회에서 청취된 의견을 검토하여 최종안에의 반영 여부를 결정한다.

회계기준위원회의 의결은 재적 위원 과반수의 찬성으로 하며 소수 의견이 있는 경우에는 기준서의 말미에 그 내용을 밝힌다. 한국회계기준원은 회계기준위원회의 심의를 거쳐 확정된 기업회계기준의 제정안 또는 개정안을 금융감독위원회에 보고한다. 금융감독위원회는 이해관계인의 보호와 국제적 회계처리기준에의 합치 등을 위하여 필요하다고 인정되는 때에는 회계처리기준의 내용을 수정할 것을 요구할 수 있다. 회계기준위원회는 금융감독위원회의 수정요구사항에 대하여 정당한 사유가 없는 한 이에 응하고, 이를 일반에게 공표한다.

이러한 제정과정을 표로 요약하면 아래와 같다.

과제선정	회계기준위원회는 이해관계자들의 의견과 제안을 지속적으로 반영하여 회계기준의 제개정 과제를 선정한다.
토론서	한국회계기준원의 조사연구실 또는 외부위탁 연구팀은 연구과제에 대하여 국제회계기준과의 정합성 제고에 중점을 두어 토론서를 작성한다.
기초안	조사연구실은 토론서를 토대로 기초안을 작성하고 이해관계자들의 의견을 수렴하고 내부토론을 거쳐 공개초안시안을 작성하여 회계기준위원회에 상정한다.
기준위원회 심의	
공개초안	회계기준위원회는 공개초안시안에 대한 심의의결을 거쳐 공개초안을 확정발표하고 이해관계자들에게 검토의견의 제시를 요청(4~6주)하며, 필요한 경우 공청회를 개최한다.
공청회 및 의견조회	
기준위원회 심의	회계기준위원회는 공개초안에 대한 검토의견을 분석하여 반영 여부를 심의한다.
기준서 제정	기업회계기준서 제정안을 최종의결하고 금융감독위원회에 보고한다.
기준서 공표	금융감독위원회의 특별한 수정요구가 없을 경우 회계기준위원회는 기업회계기준서를 공표한다.

Ⅳ. 현행 기업회계기준의 구조

116 우리나라의 현행 기업회계기준은 과도기적 상태에 놓여있다. 과거 금융감독위원회가 회계기준 제정 권한을 가지고 있었을 때 제정된 '기업회계기준'과 회계기준원의 회계기준위원회로 제정권한이 위임된 이후에 제정되고 있는 '기업회계기준서'가 공존하고 있는 것이다. 기업회계기준이 법조문 형태로 여러 주제들을 모두 포괄하고 있는데 비하여 기업회계기준서는 주제별로 번호가 부여되며 문단형식으로 이루어져 있다. 이는 법조문 형태의 기업회계기준이 급변하는 경제환경에 적절히 대응하지 못하고 국제회계기준이 문단형식으로 이루어진다는 등의 비판에 따라 그 구조를 바꾸게 된 것이다. 하지만 아직까지 기업회계기준서가 기업회계기준의 모든 내용을 대체하지 못하였기 때문에 기업회계기준서가 제정되어 있는 부분은 이를 우선적으로 적용하되, 아직 기업회계기준서가 제정되어 있지 않은 부분에 대해서는 여전히 기업회계기준을 그대로 적용하도록 하고 있다.

한편 회계기준위원회에서는 기업회계기준서 이외에 '기업회계기준해석서'와 '기업회계기준적용사례'를 발표하고 있다. 기업회계기준해석서는 기업회계기준서에서 다루지 못한 세부 실행 지침에 대해 기술하고 사례를 중심으로 해석하거나 기업회계기준서의 적용 실무지침을 제공한다. 기업회계기준적용사례는 기업회계기준서를 실무에 적용하는 과정에서 발생하는 다양한 질의에 대한 회신 중 일반적인 적용성이 있는 부분을 모아 구성한 것이다.

또한 회계기준위원회는 기업회계기준의 제정과 회계실무의 기본방향 등에 일관성 있는 지침을 제시하기 위하여 재무회계개념체계라는 것을 2003년 12월 4일에 제정하였다. 이는 재무회계의 이론적인 틀을 제공하는 역할을 한다.

우리나라의 현행 기업회계기준의 체계는 다음 그림과 같이 요약할 수 있다.

[**그림** 5-2] 현행 기업회계기준의 체제

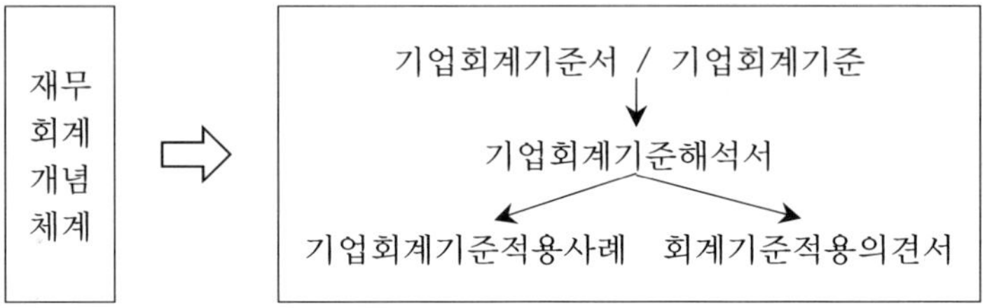

참고로 2006년 4월말일 현재 제정되어 있는 기업회계기준서는 다음 표와 같다.

〈**표** 5-1〉 현행 기업회계기준서

기준서번호	기준서명칭	제정일	최종개정일
제1호	회계변경과 오류수정	2001. 3. 30	
제2호	중간재무제표	2001. 12. 27	
제3호	무형자산	2001. 12. 27	
제4호	수익인식	2001. 12. 27	2002. 12. 19
제5호	유형자산	2001. 12. 27	2002. 12. 19
제6호	대차대조표일 후 발생한 사건	2001. 12. 27	2002. 12. 19
제7호	금융비용자본화	2001. 12. 27	
제8호	유가증권	2002. 1. 25	
제9호	전환증권	2002. 1. 25	
제10호	재고자산	2002. 8. 9	
제11호	중단사업	2002. 12. 31	2005. 12. 9
제12호	건설형공사계약	2003. 2. 21	
제13호	채권 채무조정	2003. 11. 7	

제14호	중소기업회계처리특례	2003. 12. 23	
제15호	지분법	2004. 2. 13	
제16호	법인세회계	2004. 6. 16	2005. 6. 3
제17호	충당부채, 우발부채와 우발자산	2004. 10. 13	
제18호	조인트벤처 투자	2005. 2. 3	
제19호	리스	2005. 3. 18	
제20호	특수관계자공시	2004. 11. 19	
제21호	재무제표의 작성과 표시 I	2006. 4. 19	
제22호	주식기준보상	2006. 4. 14	
제101호	금융지주회사	2001. 7. 20	
제102호	기업구조조정투자회사	2002. 2. 22	
제103호	간접투자기구	2005. 5. 27	

그리고 공개초안이 발표된 상태에 있는 기업회계기준서는 다음과 같다.

〈표 5-2〉 공개초안 기업회계기준서

기업회계기준서공개초안	명 칭	발표일자
제03-16.2호	재무제표의 작성과 표시 II	2003. 7. 31
제03-20호	연결재무제표	2003. 10. 31
제04-23호	자본거래	2004. 5. 12
제04-22.1호	주당이익	2004. 11. 2
제04-28호	자산손상	2004. 11. 4
제04-29호	무형자산 개정	2004. 11. 16
제04-30호	금융업	2004. 11. 19
제05-27.1호	사업결합	2005. 2. 25
제12호	건설형공사계약 개정	2004. 2. 24

Ⅴ. 기업회계기준과 상법과의 관계

117 기업회계기준은 일반 법규범과는 달리 다양한 정보이용자들의 경제적 의사결정에 유용한 정보를 제공하는 것을 목적으로 하기 때문에 경제적 논리와 경제환경의 변화에 따라 빠르게 변화하는 특성을 지니고 있다. 반면 상법은 상인간의 경제생활관계를 규율하는 사법으로 기업의 유지발전과 기업거래의 원활 및 안전을 도모하고 기업주체간의 이익을 조정하는 것을 목적으로 하며 상법 내의 회계규정도 이를 충족하기 위해 제정되었다고 볼 수 있다. 이러한 차이로 인해 상법과 기업회계기준간에는 여러 가지 상이한 면이 존재한다. 특정 기업이 상법과 기업회계기준 중 어느 것을 우선적으로 적용하여야 할 것인가는 해당 기업이 외감법 적용회사인지 여부에 따라 결정된다. 외감법은 상법에 대하여 특별법적 지위에 있으므로 외감법의 적용을 받는 자산 70억원 이상의 주식회사는 외감법의 위임에 의하여 제정된 기업회계기준을 우선적으로 따라야 한다. 따라서 외감법의 적용을 받지 아니하는 회사들은 상법 회계규정을 따르게 된다. 참고로 상법과 기업회계기준의 적용범위를 적용대상별로 구체화하여 요약해 보면 〈표 5-3〉과 같다.

그런데 상법의 회계규정은 실무에 적용하기에는 매우 미흡하고 구체적이지 못하다는 문제점이 있다. 상법에서도 이러한 점을 의식하여 동법에서 정하지 아니한 사항에 대해서는 '일반적으로 공정 · 타당한 회계관행'을 준수하도록 규정하고 있다. 여기서 일반적으로 공정·타당한 회계관행이란 기업회계기준을 말하는 것으로 해석되므로, 결국 외감법을 적용받지 않는 기업의 경우에는 상법에서 구체적으로 규정하고 있는 회계규정을 우선적으로 적용하되 규정되지 아니한 사항에 대해서는 보충적으로 기업회계기준을 적용하는 것으로 해석할 수 있다. 하지만 상법 회계규정과 기업회계기준간에는 여러 가지 근본적인 차이[5]가 있어 상법상 회계규정을 우선 적용하고 규

〈표 5-3〉 상법과 기업회계기준의 적용범위

기업 \ 회계규범			상 법		기업회계기준
			상업장부규정	주식회사계산규정	
개인기업	소상인		***		
개인기업					
공동기업6)					
회사기업	합명회사				
회사기업	합자회사				
회사기업	유한회사			**	
회사기업	주식회사				
회사기업		외감법 대상회사	*	*	

출처: 오수근, 회계에 대한 법적 규율 체계, 상사법연구 제18권 제3호(2000), 17쪽 수정
* 외감법 제13조에 의해 상법적용배제
** 상법 제538조에 의해 일부준용
*** 상법 제9조에 의해 상법적용배제

정되지 아니한 사항에 대해 기업회계기준을 보충적으로 적용한다는 것이 기술적으로 매우 어렵다는 문제가 발생한다. 따라서 상법상의 회계규정과 기업회계기준간의 조화를 모색하는 것이 이러한 문제점을 해소할 수 있는 가장 근원적인 처방이 될 것이다.

---

5) 상법상의 회계규정은 주주와 채권자 보호라는 측면에서 배당가능이익을 산정하는 기준을 마련하는 것에 중점을 두지만, 기업회계는 현재 및 잠재의 투자자들이 기업에 관한 의사결정을 하는데 유용한 정보를 제공하는데 중점을 두고 있다.

6) 기업은 개인기업과 공동기업으로 나뉘고 공동기업은 다시 회사기업, 조합기업, 익명조합, 선박공유등으로 나뉜다. 여기서는 회사기업을 제외한 나머지 공동기업을 칭하는 것으로 한다.

제 4 절 회계정보의 검증-회계감사

Ⅰ. 개 요

118 기업이 창출한 회계정보는 투자자 등 외부정보이용자에게 전달되어 그들의 의사결정에 매우 중요한 역할을 하게 된다. 회계정보의 작성책임은 경영자에게 있으므로 경영자 입장에서는 투자자 등에게 되도록이면 기업의 재무상태나 경영성과가 우수하다고 보고하기를 원하게 된다. 이러한 상황하에서 경영자가 투자자 등에게 올바른 회계정보를 제공하리라고 믿기에는 어려움이 따른다. 따라서 주주 등 투자자들은 자신들이 제공받는 회계정보가 신뢰할 수 있는 정보가 될 수 있도록 여러 장치를 마련하게 될 터인데, 대표적인 방법이 바로 외부감사이다. 외부감사란 기업내부에서 수행되는 내부감사와 대비되는 개념으로 독립적인 제3자인 공인회계사가 수행하는 회계감사를 말한다.

미국회계학회(American Accounting Association)의 회계감사기본개념위원회(Committee on Basic Accounting Concept)는 1973년 발표한 기초적 감사개념에 관한 보고서(A Statement of Basic Auditing Concept)에서 감사란 경제적 행위와 사건에 관한 주장에 대하여 이 주장이 이미 설정된 수준을 어느 정도 따르고 있는가를 판정하기 위하여 객관적으로 증거를 수집·평가하여 그 결과를 이해관계자에게 전달하기 위한 과정이라고 정의한 바 있다. 이러한 정의를 회계정보의 전달수단인 재무제표 감사에 한정하여 해석하게 되면 감사는 기업의 경영활동과 그 성과에 대한 경영자주장인 재무제표가 일반적으로 인정된 회계원칙을 어느 정도 따르고 있는가를 판정하기 위하여 객관적으로 증거를 수집하고 이를 평가하여 그 결과를 이해관계자에게 전달하기 위한 체계적 과정이라고 말할 수 있다.[7] 결론적으로 회계감사는 재무정보를 창출해 내는데 이용할 회계정보에 신뢰성을 부여하는 역할을 한다고 말할 수 있겠다.

Ⅱ. 회계감사의 법적근거 및 책임

119 독립적인 제3자로부터 받게 되는 회계감사는 기업이 자발적으로 외부감사를 받는 임의감사와 법규정에 의하여 강제로 받게 되는 법정감사로 나누어 볼 수 있다. 임의감사와 법정감사를 구분하는 실익은 감사인의 법적책임이 달라지는데 있다. 임의감사의 경우에는 단지 계약법상의 계약책임만을 부담하나, 법정감사의 경우에는 형사책임까지도 부담하게 된다.[8] 법정감사를 요구하고 있는 법 중 가장 대표적인 것은 '주식회사의외부감사에관한법률'이다. 외감법 시행령 제2조에 의하면 직전 사업연도말의 자산총액이 70억원 이상인 주식회사는 법정감사를 받아야 한다고 규정하고 있다.

현재 감사인에 대한 책임을 규정하고 있는 법은 외감법, 공인회계사법, 증권거래법, 민법이 있다. 먼저 외감법에서는 제20조 제1항에서 감사인의 형사책임을 규정하고 있고, 제17조에서는 감사대상회사와 제3자에 대한 손해배상책임에 대하여 규정하고 있다. 다만, 제3자에 대한 손해배상책임은 부실기재 혹은 허위기재로 인한 경우에 한정하여 명시하고 있으므로 이 범주를 넘어서는 부분에 대한 손해배상책임은 일반법인 민법상의 책임을 물어야 할 것이다. 공인회계사법에서는 제53조 제1항에서 형사책임만을 규정하고 있다. 증권거래법에서는 제197조에서 외감법 제17조상의 손해배상책임

---

7) 조익순 · 이만우 · 정석우, 2003, 신회계감사, p. 6.

8) 법정감사에만 형사책임이 적용된다는 대법원판례(대법원판결 2004. 5. 13. 2002도7340)와 외감법 제17조 제2항의 손해배상책임이 법정감사의 경우에만 적용된다는 대법원판례(대법원판결 2002. 9. 24. 2001다9311 · 9328)를 참조하기 바란다.

을 준용하도록 규정하고 있으나, 이는 증권거래법의 적용을 받는 회사의 감사보고서에 한정된다. 마지막으로 감사인과 감사에 참여한 공인회계사는 감사대상회사와 제3자에 대해서도 고의 또는 과실로 인한 위법행위로 손해를 입힌 경우에는 민법 제750조에 의한 손해배상책임이 있다. 민법상의 책임은 법정감사뿐만 아니라 임의감사에도 적용되는 가장 포괄적인 규정이라고 할 수 있을 것이다.

Ⅲ. 회계감사기준

120 감사인이 감사를 실시하기 위해서는 일정한 준거기준이 필요하게 된다. 그렇지 않을 경우 각 감사인마다 행하게 되는 감사품질이 각양각색이 될 것이며, 이는 회계정보의 신뢰성을 제고하려는 본래의 취지를 무색하게 만드는 결과를 가져오게 될 것이다. 따라서 회계정보를 산출해 내기까지 일반적으로 인정된 회계원칙이 필요한 것과 마찬가지로 감사보고서를 완성하기까지 일반적으로 인정된 감사기준이 필요하게 된다. 회계감사기준은 감사인의 회계감사실무와 절차를 실천적으로 이끌어 가고 그 기본방향을 제시하는 행위지침이 되는 것이다. 현재 우리나라의 경우 회계감사기준은 외감법 제5조에 근거하여 한국공인회계사회가 제정하되 금융감독위원회의 사전승인을 얻도록 되어 있다. 회계감사기준은 총칙, 일반기준, 실시기준, 보고기준 등 네 가지로 구분되며, 이에 대한 하부규정으로 감사준칙이 제정되어 있다. 회계감사준칙에 대한 제정권은 본래 증권선물위원회에 있었으나 1999년 2월 26일자로 한국공인회계사회로 이양되었다.

Ⅳ. 감사보고서

121 감사인이 수행한 회계감사의 결과는 감사보고서에 요약된다. 감사보고

서는 감사업무의 최종산출물로서 재무제표의 적정성에 대한 의견표명과 감사인의 책임한계를 표명하게 된다. 일반적으로 감사와 관련하여 흔히 하게 되는 오해는 감사인이 기업의 재무제표의 모든 오류에 대해 보증을 하는 것으로 해석하는 일이다. 하지만 재무제표의 작성책임은 경영자에게 있고 감사인은 단지 재무제표의 중요사항에 대해 그 정확성을 보증하는 것이 아니라 일반적으로 인정된 회계원칙에 따라 '적정'하게 작성되었는지를 판단하는 역할을 할 뿐이다.

감사인은 감사보고서상에서 감사의견(auditor's opinion)을 표명하게 된다. 감사의견이란 재무제표가 중요성의 관점에서 기업회계기준에 따라 작성되었는가에 대한 감사인의 의견이다. 감사의견은 적정의견, 한정의견, 부적정의견, 의견거절의 4가지로 세분된다. 먼저 적정의견(unqualified opinion)이란 감사인이 감사범위의 제한을 받지 않고 회계감사기준을 준수하여 감사를 실시한 결과 재무제표가 기업회계기준에 따라 적정하게 작성되었다고 판단할 때 표명하게 되는 의견이다. 한정의견(qualified opinion)은 감사인과 경영자간의 의견불일치[9]나 감사범위의 제한으로 인한 영향이 중요하여 적정의견을 표명할 수는 없지만 부적정의견이나 의견거절을 할 정도로 매우 중요하거나 전반적이지 아니한 경우에 내게 되는 의견이다. 부적정의견(adverse opinion)이란 감사인과 경영자간의 의견불일치로 인한 영향이 재무제표에 매우 중요하고 전반적이어서 한정의견의 표명으로는 재무제표의 오도나 불완전성을 적절히 공시할 수 없다고 판단하는 경우에 이루어진다. 마지막으로 의견거절(disclaimer opinion)이란 감사범위 제한의 영향이 매우 중요하고 전반적이어서 충분하고 적합한 감사증거를 획득할 수 없었고 따라서 재무제표에 대한 감사의견을 표명할 수 없는 경우에 이루어지는 것을 말한다.

감사보고서는 크게 제목, 수신인, 도입문단, 범위문단, 의견문단, 감사보고서일자, 감사인의 주소, 감사인의 명칭 및 서명 등이 기본적으로 기재되어야 한다.

9) 감사인과 경영자간의 의견불일치란 기업회계기준의 위배와 같은 의미를 지닌다.

적정의견을 표명하는 경우의 감사보고서의 양식은 [그림 5-3]과 같다.

[그림 5-3] 적정의견 감사보고서의 양식

제목

수신인

외부감사인의 감사보고서(주1)

×××주식회사
주주 및 이사회 귀중

본 감사인은 ×××주식회사와 그 종속회사의 20×1년 12월 31일 현재의 연결대차대조표와 동일로 종료되는 회계연도의 연결손익계산서, 연결잉여금계산서 및 연결현금흐름표를 감사하였습니다. 이 연결재무제표를 적정하게 작성할 책임은 회사 경영자에게 있으며, 본 감사인의 책임은 동 연결재무제표에 대하여 감사를 실시하고 이를 근거로 이 연결재무제표에 대하여 의견을 표명하는데 있습니다.

도입문단

본 감사인은 회계감사기준에 따라 감사를 실시하였습니다. 이 기준은 본 감사인의 연결재무제표가 중요하게 왜곡표시되지 아니하였다는 것을 합리적으로 확신하도록 감사를 계획하고 실시할 것을 요구하고 있습니다. 감사는 연결재무제표상의 금액과 공시내용을 뒷받침하는 감사증거에 대하여 시사의 방법을 적용하여 검증하는 것을 포함하고 있습니다. 또한 감사는 연결재무제표의 전반적인 표시내용에 대한 평가뿐만 아니라 회사가 적용한 회계원칙과 경영자에 의한 중요한 회계추정에 대해 평가하는 것을 포함하고 있습니다. 본 감사인이 실시한 감사가 감사의견 표명을 위한 합리적인 근거를 제공하고 있다고 본 감사인은 믿습니다.

범위문단

본 감사인의 의견으로는 위 연결재무제표는 ×××주식회사와 그 종속회사의 20×1년 12월 31일 현재의 재무상태와 동일로 종료되는 회계연도의 경영성과 그리고 잉여금의 변동과 현금흐름의 내용을 기업회계기준에 따라 중요성의 관점에서 적정하게 표시하고 있습니다.

의견문단

서울특별시 구 동 번지(주2)
××회계법인
대표이사 (인)(주3)

감사인의 주소, 명칭, 서명

감사보고서일자

20×2년 3월 31일(주4)

(주1) 필요한 경우 '독립된 감사인의 (감사)보고서'를 제목으로 할 수 있음.
(주2) 감사인의 명칭과 주소가 인쇄된 보고서 용지를 사용하는 경우에는 감사인 명칭과 주소의 기재를 생략할 수 있음.
(주3) 대표이사와 대표이사 공인회계사를 선택적으로 사용할 수 있음.
(주4) 우상단에 기재할 수 있음.

찾아보기

ㄱ

간접법 167
감가상각 90
감가상각누계액 92
감가상각비 91
감사보고서 198
감사의견 199
감액손실 97
감자 120
감자차손 121
감자차익 121
감채기금 57
개별법 72, 73
검증가능성 183
결산분개 및 마감절차 45
결손금처리계산서 12
계속기록법 68
계속기업의 가정 37
계정(account) 21
관리회계 6
국고보조금 86
금융비용의 자본화 89
기간별보고의 가정 38
기본적 분석 131
기술적 분석 131
기업실체의 가정 38
기업회계기준 186, 191
기업회계기준서 191
기업회계기준적용사례 191
기업회계기준해석서 191
기타법정적립금 125
기타포괄이익(other comprehensive income) 11

ㄴ

내용연수 92

ㄷ

단기금융상품 59
단기대여금(short-term loan) 61
단기차입금 109
당좌비율 139
대변(credit) 23
대손상각비 63
대손충당금 64
대여금 61
대응원칙 39
대차대조표(balance sheet) 9
대차대조표계정 49
동종자산의 교환 88

ㅁ

매입 70
매입채무 109
매출 66
매출액영업이익률 146
매출에누리 62
매출원가 66

매출채권 회수기일 144
매출채권(trade receivables) 60
매출채권의 처분 64
매출채권회전율 144
매출할인 62
매출환입 63
목적적합성 180
무상감자 120, 121
무형자산 99
미수금(non-trade accounts receivable) 61
미수수익 61
미실현손익 11
미지급금 109
미지급비용 109

ㅂ

받을어음(notes receivable) 60
발생 39
발생주의 161
발생주의회계 39
법정감사 197
법정적립금 124
보수주의 17, 108
복구충당부채 88
복구충당부채전입액 88
복식부기제도 18
부의 영업권 102, 103
부적정의견 199
부채 9, 105
부채계상법 41
부채비율 145
분개 18, 30
분개장(journal) 30
분면 30
분식회계 178
비교가능성 184
비매출채권 61
비용 10
비용계상법 41
비유동부채 106, 111
비유동자산 54
비율분석 132

ㅅ

사채 111
사채할인발행차금 112
사채할증발행차금 112
상각 102
선수금 110
선수수익 110
선입선출법 75
세무회계 6
소모품 83
소모품비 83
소액현금제도 58
소유주지분 117
손익거래 118
손익계산서(income statement) 10
수익·비용 대응원칙 63
수익 10
수익계상법 41
수익-비용 대응원칙 87, 89
수익적 지출 90

수정분개 36, 41
수정전시산표 34
수정후시산표 44
순손실(net loss) 10
순실현가능가치 82, 97
순액법 62
순이익(net income) 10
순자산(net worth) 9
시산표 35
시장이자율 114
신뢰성 182
실지재고조사법 69
실현주의원칙 39

ㅇ

연수합계법 94
영구계정 49
영업권 100, 102
영업활동으로 인한 현금흐름 163
예수금 111
외감법 45
외부감사 196
외상매입금 109
외상매출금(accounts receivable) 60
우발부채 106, 107
우발이익 108
운전자본 136
원가법 122
원가회계 6
원면 30
유동부채 106
유동비율 137
유동성배열법 54
유동성장기부채 111
유동자산 54, 55
유상감자 120
유형자산 83
유형자산의 교환취득 88
유효이자율법 113
은행계정조정표 58
의견거절 199
이동평균법 78
이연 39
이익의 질 비율 172
이익잉여금 124
이익잉여금처분계산서 12
이익준비금 125
이자보상비율 149
이종자산의 교환 88
이체 47
일반적으로 공정 · 타당한 회계관행 194
일반적으로 인정된 회계원칙 185
임시계정 46
임의감사 197
임의적립금 125

ㅈ

자기자본이익률 13, 155
자기주식 122
자본(owner's equities) 9
자본거래 118
자본변동표 11, 127
자본적 지출 90

자본조정 123
자산(assets) 9
자산계상법 41
잔존가액 93
장기성매입채무 116
장기제품보증충당부채 116
장기차입금 116
장기충당부채 116
장부가액 115
재고자산 66
재고자산의 평가 82
재고자산회전율 141
재공품 66
재무 7
재무비용보상비율 150
재무정보 177
재무제표(Financial Statements) 9
재무제표분석 131
재무활동으로 인한 현금흐름 164
재무회계 6
재무회계개념체계 191
저가주의의 보수주의 82
적정의견 199
전기(posting) 31
전기이월 50
정액법 93
정율법 95
주가이익비율 153
주당순이익 150
주당현금흐름 173
주식발행초과금 119
주식할인발행차금 119
주식회사의외부감사에관한법률 45
지급어음 109
GAAP 185
직접법 165
집합손익 46

ㅊ
차기이월 50
차변(debit) 23
총계정원장(general ledger) 30
총액법 62
총자본이익률 154
총자산이익률 154
총평균원가법 78
추세분석 148
충당부채 107
취득원가주의 68

ㅌ
퇴직급여충당부채 116
투자활동으로 인한 현금흐름 164

ㅍ
평균원가법 78
포괄이익(comprehensive income) 10
풀후입선출법 81

ㅎ
한정의견 199
현금 및 현금성자산 55
현금검증표 59
현금배당보상비율 172
현금성자산 56

현금이자보상비율 172
현금주의 161
현금주의회계 38
현금흐름표 12, 161
현재가치할인차금 86
혼수주식 120
화폐가치후입선출법 81
화폐단위의 가정 17
확정부채 106, 107
회계감사 6, 196
회계감사기준 198
회계거래 17
회계기준 185
회계등식 18
회계원칙 185
회계의 순환과정 14, 15
회계정보 177
회계정보의 질적특성 179
후입선출법 76
후입선출청산 81

〔저자약력〕

명순구

서울고등학교(1980년)
고려대학교 법과대학 법학사
고려대학교 대학원 법학석사
프랑스 파리 제1대학교(Université de Paris I, Panthéon-Sorbonne) 법학박사
프랑스 교수자격(Habilitation à Diriger des Recherches)
프랑스 파리 제1대학교 채권법센터(Centre du droit des obligations) 연구위원
Erasmus Mundus 초빙교수(프랑스 Université du Havre)
고려대학교 법과대학 조교수, 부교수, 교수(1995～현재)

〔주요논저〕

[저서 · 역서]

- *La rupture du contrat pour inexécution fautive en droit coréen et français*, Paris, L.G.D.J., 1996.
- 프랑스민법전 제1권 [人], 법문사, 2000.
- 민법학기초원리, 세창출판사, 2002.
- 프랑스민법전, 법문사, 2004.
- 미국계약법입문, 법문사, 2004.
- 현대미국신탁법, 세창출판사, 2005.
- 실크로드 가는길, 세창출판사, 2002(공저)
- 공저 우리동거할까요, 도서출판 코드, 2002.
- 공저 안암동1번지, 세창미디어, 2003.

[연구논문]

- 이혼청구권이 형성권인가?
- 부동산매매목적물로부터 발생한 과실: 그 수취권의 판단
- 1980년 계엄당국의 강박에 의한 증여계약의 효력과 취소권의 제척기간
- 대차형계약의 쌍무성 · 유상성 판단에 관한 비판적 시각
- 채권자대위제도의 오용과 남용: 그 원인분석과 대안
- 통일후 토지소유권의 재편방향: 소유권회복의 장애
- 안중근과 이토 히로부미의 접점에 대한 법적 평가 등 다수

E-mail: skmyoung@korea.ac.kr
Home Page: www.dres.pe.kr

김기영

영동고등학교(1986년)
고려대학교 경영대학 경영학사
고려대학교 대학원 경영학석사(회계학전공)
고려대학교 대학원 경영학박사(회계학전공)
고려대학교 대학원 법학석사(상법전공)
미국 Univeristy of Pennsylvania Law School 법학석사(세법전공)
미국 Boston University School of Law 법학석사(세법전공)
삼일회계법인 근무
산동회계법인 근무
화인경영회계법인 근무
명지대학교 경영대학 조교수(2005～현재)

〔주요논저〕

[저서 · 역서]

- M&A를 알아야 경영할 수 있다(공저)

[연구논문]

- 특별상각의 정보효과에 관한 실증적 연구
- 전환사채발행의 세무 및 재무적 동기에 관한 실증적 연구
- 주식배당의 결정요인에 관한 실증연구
- 주식회사의 회사분할에 관한 연구-세법적 고찰을 중심으로-
- 현행 외국세액공제제도의 개선방안에 관한 연구
- 생명보험회사의 상장이익배분과 과세문제
- 재무제표분석과 기업 의사결정 외 다수

E-mail: kykim@mju.ac.kr

법률가의 회계학

2006년 8월 25일 초판 인쇄
2006년 8월 30일 초판 발행

저 자 명 순 구 · 김 기 영
발행인 배 효 선

도서출판 法 文 社

413-832 경기도 파주시 교하읍 문발리 526-3
등 록 1957년 12월 12일 제2-76호(윤)
전 화 031-955-6500~6, 팩 스 031-955-6525
e-mail(영업) : business@bobmunsa.co.kr
(편집) : edit66@bobmunsa.co.kr
홈페이지 http://www.bobmunsa.co.kr
조 판 광 암 문 화 사

정가 10,000원 ISBN 89-18-01097-4